Gustav Brade

Über Huchown's Pistil of swete Susan

Gustav Brade

Über Huchown's Pistil of swete Susan

ISBN/EAN: 9783337736897

Hergestellt in Europa, USA, Kanada, Australien, Japan

Cover: Foto ©ninafisch / pixelio.de

Weitere Bücher finden Sie auf **www.hansebooks.com**

Herrn

Professor Dr. Eugen Kölbing

in Verehrung und Dankbarkeit

gewidmet

vom

Verfasser.

Ausgaben und Handschriftenverhältnis.

Die geistliche Dichtung „Pystyl of Swete Susan", die wohl
unzweifelhaft dem Dichter Huchown angehört (vgl. Trautmann,
Anglia, Bd. I, p. 109 ff.) und die Vulgata als Vorlage hat
(s. u.), ist uns in folgenden Handschriften überliefert:

V. Ms. Vernon, fol. 317, zuerst ediert in „Select Remains
of the Ancient Popular and Romance Poetry of Scotland,
Collected and Edited by David Laing LLD, Edinburg 1822."
Eine zweite Auflage dieses Werkes besorgte John Small
unter dem Titel: „Remains etc. Re-edited, with Memorial
Introduction and Additions by John Small, M. A. William
Blackwood and Sons, Edinburgh & London 1885". Small
hatte sich für diesen Zweck eine Kollation der Hs. mit Laing's
Text verschafft. Weiter gab C. Horstmann, Anglia I p. 93 ff.,
diese Hs. der Susanna nochmals separat heraus.

P. Ms. Cheltenham 8252 fol. 184 b bis 190 b, ediert
nach einer Abschrift von Prof. Kölbing von C. Horstmann
in Herrig's Archiv, Bd. 74, p. 339 ff.

C. Ms. Cotton. Caligula A II fol. 1 (c. 1430), ediert
von C. Horstmann in Herrig's Archiv, Bd. 62, p. 402 ff.
Hier sind durch Ausfall eines oder mehrerer Blätter leider
die ersten 104 Verse verloren.

I. Ms. Ingilby, Eigentum von Mr. Henry Ingilby,
auf Ripley Castle, zum ersten Male verwertet von F. I.
Amours in seiner unten zu besprechenden Ausgabe der
Dichtung.

1

Eine fünfte Handschrift, Ms. Addit. 22283, fol. 326 ff., Br.
M., ist nach Horstmann, Herrig's Archiv, Bd. 62, p. 411, nichts
weiter als „eine getreue Abschrift des Ms. Vernon, in derselben Handschrift und wohl von demselben Schreiber".
Dieselbe würde also keinesfalls den kritischen Apparat be-
reichern.

Endlich wirft Horstmann, Herrig's Archiv, Bd. 62, p.
412, die Frage auf, ob ein im Besitz des Marquis von Bath
befindliches Ms. die Susanna enthalte. Mr. Jackson, Biblio-
thekar des Marquis von Bath, hatte auf eine diesbezügliche
Anfrage von Herrn Prof. Kölbing die Freundlichkeit, die
Auskunft zu erteilen, dass ein die Susanna enthaltendes Ms.
sich seines Wissens unter den dortigen Hss. nicht befinde.

In neuester Zeit ist der Versuch einer kritischen Aus-
gabe der Susanna gemacht worden von F. I. Amours: Scottish
Alliterative Poems in Riming stanzas (Publicationen der
Scottish Text Society, Vol. 27), p. 172—187. Derselben ist
Ms. V zu Grunde gelegt, während die Varianten der übrigen
Hss. darunter notiert sind. Über diese Veröffentlichuug habe
ich folgendes zu bemerken. Der Herausgeber sagt in der Ein-
leitung, nachdem er die vier vorhandenen Hss. aufgezählt
und den Laing'schen Druck der Hs. V erwähnt hat p. VI:
„These three MSS. (sc. C, P, I.) have been transcribed es-
pecially for the Scottish Text Society, and have supplied a
large number of readings that have never appeared in any
previous edition". Die doch seit langen Jahren vorhandenen
deutschen Separatausgaben dieser Hss. sind also offenbar
Mr. Amours unbekannt geblieben. Leider ist auch der auf
die neuen Kopien derselben begründete Apparat sehr unvoll-
ständig, wie ich gleich zeigen werde. In Bezug auf die von
ihm zuerst benutzte Hs. I giebt Mr. Amours die unzureichende
Verwertung selbst zu, wenn er zu v. 235 bemerkt: „The
first nine lines of this stanza differ considerably in I from
the other MSS", ohne diese Abweichungen anzugeben. Dass
Mr. Amours im zweiten Hefte seiner Ausgabe sich an eine
Klassifikation der Hss. machen wird, ist demzufolge kaum

wahrscheinlich. Eine den gegenwärtigen Anforderungen der Wissenschaft entsprechende kritische Ausgabe der Susanna ist also auch jetzt noch ein Desideratum. Nach dem vorhin Gesagten wäre für eine solche vor allem eine Einsicht von I unerlässlich. Was ich im folgenden geben will, beansprucht nur den Wert einer bescheidenen Vorarbeit für diesen Zweck. Und zwar möchte ich zunächst, abgesehen von I, Mr. Amours' Apparat vervollständigen:

10. of] the *add. P.* 14. was] *om. P.* 16. on] *om. P.* 17. of] & *P.* 23. lerne] lernyd *P.* 31. til her] to his *P.* 32. þat lawe] þe lawe *P.* 33. and] as *P.* 37. wrongwys] wrongful *P.* 42. his gardeyn] þo gardyns *P.* 45. þei were set so on her, myght þei not sese *P.* 47. hir chese] her chese *P.* 54. þe wrecches to bewile þat worly] þat wrecches to bygile þat worþi *P.* 66. Sibell] Essabelle *P.* 70. þe pirie, þe plone] þe perer & þe plowine *P.* 71. jonyng] hem *add. P.* 72. on rone] in semne *P.* 73. þe þorn trinaunt] thevethorne thryvyng *P.* 74. *om. P.* 79. þei beeren] brokkid *P.* 80. al kynde of trees] al-kyn trees *P.* 81. fol] for *P.* 85. þus] þe *P.* 95. gayliche þei] *þat* gayliche þere *P.* 96. þe *om. P.* 107. poretes] þe porettes *C.* 108. þe peere, wel proudliche Ipiht] þe plawnteyn, prowdly pyghte *C;* wel *om. P.* 110. sauge] & *add. C, P;* so *om. C;* to] in *C.* 112. The Rewe, þe Rubarbe, Rawnged full Ryghte *C.* 117. Proudest] The prowdeste *C.* 120. Nou] The *C;* from us] a-fer *P,* vs fro *C;* she sayde *add. C;* þar us] we dar *C.* 122. Aspieþ nou] Spyes nou *P,* Spede ʒou *C;* specialy] if *add P;* ʒates] ʒate *C.* 123. þis] þe *C.* 124. Fforþi þe wyf werp] Fforwhi þe wyf warpyd *P.* 125. ful] on *P,* so *C;* þat] þe *C.* 127. a wynliche] þat worthy *P.* 129. hire *om. P.* 131. Now ar þese domesmen drawen into derne *C;* Now þes derf domysmen in to þe derk drewyn so derne *P.* 132. Whyle þat þei syghe þe lady lout hyr alone *C;* Why þei saw þis lady was left al alone *P.* 133. hiʒed] hem *add. C.* 134. worliche] wordyly *C.* 135. on] of *P.* 137. ʒe ne þarf wonde] þe þar not wond *P,* The thar warne *C;* no wiʒt] noght

P. 138. Ffor alle þe gomys, þat greve myght, out of þe gardyn be gone *P.* 140. þis] our *C.* 141. telle trewely] say sykyrly *C.* 142. wiþ] in *C.* 144. þen *om. C.* 145. biset] vmbe-sette *C;* eueriche syde] euerych a syde *P;* euerylke a syde *C.* 146. þat *om. C.* 147. I] shall *add. P, C;* in baret to byde] wiþ baret to byde *P;* in bales to abyde *C.* 148. And *om. C.* 149. takeþ me] me takiþ *P, C.* 150. Are I þat worthliche wreche] (ʒ)ett er I þat wordy wrathe *C.* 151. wemless] to *add. P, C;* of (out of *C.*) þis world wyde] þat wiþ her wil wriþe *P.* 152. So mysse *P.* 153. þo cast heo] (Sh)e kest *C.* 154. þis loueliche] þat comelyche *P.* 156. And no *add. C.* 157. Whon] *om. P;* of hir] of þe *C;* til hir] to her *P,* to þat *C.* 158. And she *add. C.* 160. findes] fownden *C;* well] full *P, C;* her] þer *C.* 161. þo] then *C;* þe loselle] þes losels *P,* þo loselles *C.;* aloude] on lowd *P, C;* þe ladi] þat lady *P, C.* 162. to] for to *P.* 164. Bi þe] Bi þat *P, C;* leeue] beleue *C.* 166. þei *om. P, C.* 167. stelen] stale *P, C.* 168. neuer] not *P.* 171. wel] ful *P, C.* 172. Certys for Sussan sothfast & semyly of hewe *C.* 175. While] Tyll *C;* þis] þe *C;* clare] declare *P, C.* 176. in] with *C.* 181. sauns pite] wiþout pite *P,* were without pyte *C.* 183. þo] Then *C.* 185. so *om. P, C.* 186. wif] & *add. C;* in] on *P.* 187. was in] ys of *C;* we] I *C.* 188. Hir] And has *C.* 190. dom ne deþ] dethe ne dome *C.* 192. as] þe *add. C.* 193. wiþ] þe *add. C.* 196. Nou] Thus *C.* 198. þo ros up] Then rysen *C;* with rancour þe renkes] þes renkes with rancour *P.* 199. þis] þat *P,* And þei þat *C;* comelich] kiþ *add. P;* wel kene] vnkene *P.* 202. þis] þe *C;* hou þou euer] how-euer þou *P,* how-so-euer þou *C.* 206. Preostes presented þis playnt] The prestis presentyn þe playnt *P,* They present þer playnt *C.* 209. us *om. C.* 210. Of preiere and of penaunce] Of prayers and penances *P,* wyth prayer & penaunce *C.* 212. In] wyth *C.* 214. And *om. C.* 216. non] no-man *P, C.* 218. we] y *C.* 220. we *om. P;* These wordes wettenesse we ay *C.* 222. wel] ful *P;* we siked wel sore] sykyng for care *C.* 224. and] þat *C.* 225. trinet a trot]

turned a croke *C.* 227. More miȝti mon] Myche myghtyer
C; his] syche *C.* 228. To] And to *C;* wel] ful *C;* ȝaply]
rapely *P.* 229. he *om. C.* 230. þat] So *C.* 231. ne shunte]
withe-shonte *C.* 233. nolde] wolde not *C.* 235. heo is] ys
she *P, C.* 236. be *om. P.* 238. cosyn] cosyns *C.* 239. in]
of *P;* þis] þat *C.* 240. of] þis *add. P.* 241. his grace ȝor
gultus] þy grace þese gomus *C.* 242. derfliche] delfully *C;*
out of] upon *C.* 246. be] to *P;* to deþ me be diht] what
deth me were dyghte *C.* 248. donn *om. P, C.* 249. And
add. C; ful *om. P, C.* 250. Iwis *om. C;* þe] ȝou *C.* 252. hir
om. P; and cussed] kyst she *C.* 253. Ffor *om. C;* þi] ȝour
C. 254. more serwful] sorowfuller *P;* neuer more serwful
segge] þer neuer a soriore syghte *C.* 255. neuer a] no *P;*
neuer a soriore siht] a sorowfuller segge *C.* 257. of] from *C.*
258. euere he (she *P*) cussed] þen kyst she *C;* þat swete] his
hand sweet *P.* 259. oþer] þis *C.* 260. mete] þo *add. P;*
he] she *P, C.* 262. Heef] Helt by *P;* heo *om. P, C;*
to] þe *add. C.* 263. þou *om. C.* 267. Seþþe] As *C.* 268.
hede *om. P;* herkne] lestyn *P.* 272. þat *om. P, C.* 273. clene]
So *add. C;* nou *om. P, C.* 274. þei dresse hire to deþ] ys
she dampned on deyse *C.* 276. grace] and *add. C.* 277. Help
with þe holi gost and] Thorow þe help of þe holy gost *C.*
278. directed þis dom and þis] directs hys dome and hys *C.*
279. dere] derue *P.* 280. god] he *P, C.* 281. ful of þe] ful
of a *P,* of a full *C.* 282. Nouht] Noght to *P,* Not to *C.*
283. þo] Then *C.* 284. spille ȝe] spillist þou *P;* ȝe] þat
add. C. 285. All were astonyed & withstood *C.* 289. I sei
hit] to telle ȝou *C.* 290. in] þe *add. C;* wel] full *C.* 292.
undnwe] full dull *C.* 293. dele] Have *add. C.* 296. in *om.*
P. 300. sone] in two *C;* hem] on *add. C.* 302. Bifore] To
for *P;* þis ȝonge] þe *C;* þis preost] þer prestis *P.* 303. sone]
full sone *C;* wel] full *C.* 304. ibe] a *add. C.* 305. þou dotest nou] Now dotest þou *C;* nou *om. P;* dayes] now *add.*
P. 308. Wel] So *C.* 310. Of] ȝour *add. P.* 313. sinned]
synne *P, C.* 314. Nou me trewly] me þan trewly *P,* me
now trystily *C.* 316. Mon] He swere *C.* 316. I hir] ded

y *P.* 317. Nou *om. P.* 319. his] þat *C;* brennynde so] &
burnysched full *C.* 321. lese] lesse *P.* 322. þou] ȝe *P.* 324.
eny] ȝour *P.* 326. þis] þe *P.* 327. in to prison] in a p. *C;* in to
place] in his p. *P,* to hys p. *C.* 328. þei brouȝten] þan broght
þei *P;* þe toþur forþ, whon þe barn bede] forþ þat oþur to
þe barre, when þe chylde bede *C.* 329. Tofore] Before *C.*
330. þou corsed *om. P.* 333. Of þi wit for a wyf] of alle
þe wyte of a wyf *C.* 334. wede] drede *C.* 335. þou sey]
þou *om. P, C.* 336. kynde of tre] kyn tre *P,* kynnes tre *C.*
337. Susan] ded *add. P.* 338. þat] þys *C;* derne] derf *P, C.*
340. hit me] þow now *P;* hit *om. C.;* treweli] tristili *C.* 341.
þo þat] Then þe *C;* roþly] loþely *P;* ruydely] lothely *P;*
ruydely] he *add. C.* 342. bifore] to *P, C.* 343. loude] alowd
P, upon loude *C.* 344. For fulþe] fulfillid *P.* 345. þou and
þi cursed cumpere, ȝe] Thy cursed comper & þou *C;* ȝe *om.*
P. 346. þis dai ar we dine] to day, or I dine *C.* 349.
Takes þe domes] Takiþ þe dome *P;* To take þe dome *C.*
353. lowed þat loueli] lowely thanked our *C;* þe *om. P.* 354.
þe *om. C.* 355. glees] That *add. C.* 356. trompe] trumpped
C; bifore] to-for *P;* þis] þe *P, C;* traylen] trayled *C.* 358.
þat] our *P;* he þat louethe þat lorde, þar hym not drede,
no lees *C.* 359. saued] con saue *C.* 363. witnesseþ] it *add.*
P; The wytnesse wyll well tell *C.* 364. þat] þe *P,* þe same
C. 365, 366, *om. C.*

Hier schliesst sich ferner am besten die bisher noch
ausstehende Erörterung des Handschriftenverhält-
nisses an.

I. Die oben aufgezählten MSS. zerfallen in zwei
Klassen; die erste wird nur durch *C* repräsentirt,
die andern durch die drei übrigen Hss. Diese That-
sache wird durch folgendes bewiesen:

a) *I, P, V* stimmen gegen *C* zusammen:

v. 358: Hose leeueþ on þat (our *P*) lord, þar (dar *P.*) him not
lees (lese *P.*) *I, P, V;* — He þat louethe þat lorde, þar
hym not drede, no lees *C.*

Diese Stelle könnte nach der Lesart von *I, P, V* höchstens heissen: „Wer an den Herrn glaubt, darf ihn nicht verlieren", was sinnlos ist. Das einzig Richtige bietet *C*: „Der, der den Herrn liebt, braucht sich nicht zu fürchten, ohne Zweifel, etc." Der Schreiber der gemeinsamen Vorlage von *I*, *P*, *V* ist mit dem Auge von dem not vor drede auf das no vor lees abgeirrt, hat also „drede no" weggelassen. No lees kommt ausserdem noch v. 112 und v. 321 vor, entspricht demnach vollkommen dem Sprachgebrauch des Dichters.

Zur weiteren Unterstützung meiner Behauptung in Bezug auf die Separatstellung von *C* gegenüber *I*, *P*, *V* möchte ich namentlich hervorheben: v. 120, 172, 254—255, 328, 348; ausserdem gehören hierher: v. 108, 113, 123, 133, 140, 141, 142, 144, 146, 148, 153, 154, 156, 158, 160, 176, 183, 190, 196, 209, 212, 213, 214, 224, 230, 231, 246, 249, 250, 253, 257, 259—260, 263, 267, 274, 283, 292, 295, 300, 303, 304, 308, 314, 315, 319, 333, 334, 345, 346, 349, 355, 359, 360, 363.

b) Die gemeinsame Vorlage (z) von *I*, *P*, *V* kann nicht mit *C* identisch sein, da mehrmals z gegen *C* das Richtige bietet:

1. v. 225: we trinet a trot *I*, *P*, *V*; — we turned a croke *C*. Hier hat z augenscheinlich die richtige Lesung, denn sie allein giebt einen guten Sinn, und ausserdem ist we trinet a trot eine öfter vorkommende alliterierende Verbindung (vgl. u. a. Cleanesse v. 976).

2. v. 287: What signefyes, gode sone, þese sawus þat þou seis (þu seyth *I*; þu sayes *P*)? *I*, *P*, *V*; — What signefyes, gode sone, þis sawe & what hit seythe? *C*. Die Vulgata liest an dieser Stelle, v. 47: „Quis est iste sermo, quem tu locutus es?" In diesem Verse stimmt also z mit der lateinischen Vorlage überein, während *C* abweicht; somit bietet z das Richtige, während *C* geändert hat.

c) Ebensowenig ist z die Quelle von *C*:

Wie oben unter a erörtert wurde, bietet v. 358 *C* allein die richtige Lesung gegenüber z.

C und z weisen also auf eine gemeinsame Vorlage x

zurück. Ob wir in diesem x die Niederschrift des Dichters zu sehen haben, muss vorläufig dahingestellt bleiben.

II. Was das gegenseitige Verhältnis der die Klasse z bildenden Hss. anlangt, so lässt sich erweisen, dass P und V eine Gruppe für sich bilden, der I gegenübersteht. Wir bezeichnen dieselbe vorbehaltlich unserer Erörterung des gegenseitigen Verhältnisses von V und P einstweilen mit y.

a) P und V stimmen gegen I zusammen:

1. v. 159: þey presyd in hi C; þei presed in hi I; þei passen in hi P, V. Die lateinische Vorlage liest: „irruerunt per posticum." Diesem irruerunt steht ohne Frage presyd näher als passen, das ausserdem hier zu farblos wäre; y hat also offenbar geändert, um ein gangbareres Wort einzuführen.

2. v. 289: ʒe arn fonned C; ʒe bene fonned I; þei be fendus V; ʒe be fendis P. Die Vulgata hat an dieser Stelle, v. 48: „fatui filii Israel." fonned in C und I entspricht dem lateinischen fatui; diese Hss. bieten also das Richtige, während in P und V für das seltenere fonned, fendus, das ja auch nicht sinnlos ist, eingesetzt ist.

Diese Behauptung, dass P und V eine Hs.-klasse bilden gegen I, findet noch weitere Bestätigung durch die Lesungen in v. 17, 19, 29, 46, 90, 98, 218—220; ebenso gehören hierher: v. 4, 8, 11, 14, 15, 16, 25, 33, 48, 56, 57, 63, 65, 67, 71, 72, 74, 80, 81, 85, 86, 96, 97, 111, 173, 191, 197, 209, 228, 256, 306, 320.

b) Die so erschlossene Hs. y kann aber nicht mit I identisch sein:

In der Hs. I sind die v. 218—220 und 235—244 vollständig geändert, während y zu der von P und V unabhängigen Hs. C stimmt; v. 222—223, 278—281 und 291 sind in I weggelassen, in den drei eben genannten Hss. aber erhalten.

c) y ist ferner nicht die Quelle von I:

Von v. 159 und 289 ist unter IIa nachgewiesen worden,

dass in denselben y die falsche, *I* dagegen die richtige
Lesung bietet.

Es werden also *I* gesondert und *P* und *V* durch ihre
gemeinschaftliche Vorlage y auf z zurückzuführen sein.

III. **P und V gehen von einander unabhängig
auf y zurück:**

a) **V kann nicht die Quelle von P sein:**

1. v. 192: Hyr here *C*; Hir hare *I*; Her here *P*; — Hir
hed *V*. *P* stimmt also zu den davon unabhängigen Hss. *I*
und *C*, gegen *V*.

2. v. 276: of gyftes ungnede *C*; of gyftes ful guede *I*;
of yeftes ungwede *P*; — of gultes ungnede *V*. *I* ist ver-
derbt, die Lesung von *V* aber ist sinnlos; nur *C*, zum Teil
auch *P*, haben das Richtige erhalten.

3. v. 330: Of Caymes sede *C*; of Caynoun sede *I*; of
Canaan sede *P*; — þou Canaan, he sede *V*. Die Vulgata hat
an dieser Stelle, v. 56: „Semen Chanaan." Daraus erhellt, dass
P allein richtig liest, *V* dagegen eigenmächtig geändert hat.
Was die Lesungen von *C* und *I* anlangt, so werden wir
Caynoun in *I* wohl als missverstandene Lesung von Canaan
auffassen müssen; in *C* ist irrtümlich der Eigenname Cain
für Canaan eingesetzt; schlechte Menschen als Abkömmlinge
Cains zu bezeichnen, ist der mittelalterlichen Anschauung
geläufig, vgl. Kittredge in Paul und Braune's Beiträge, Bd.
XIII, p. 210 ff., daher die Änderung. Keinesfalls aber kann
die richtige Lesung von *P* aus der falschen von *V* geflossen
sein. Unterstützt wird meine Behauptung ferner durch v.
155, 225, 296, 351.

b) **P kann nicht die Quelle von V sein:**

1. v. 18 fehlt in *P*, während er in *V* in Übereinstimmung
mit *I* vorhanden ist. Wäre *V* auf *P* zurückzuführen, so
müsste es diesen Vers selbständig aus dem Gedächtnis er-
gänzt haben, was höchst unwahrscheinlich ist.

2. v. 84: þei glathen and glees *I*; þei gladen and glees
V; — gladyn in her glees *P* und v. 354: gladdes and glees *I*;
glades and glees *C*; gladen and glees *V*; — gladid in her

glees *P*. In beiden Fällen hat *P* selbständig und absichtlich
geändert, während *V* und das davon unabhängige *I* das
Richtige bieten.

3) v. 151: of (out of *C*) þis world wyde *C, I, V*; — þat
wiþ her wil wriþe *P*. *P* ist hier zweifellos verdorben, *V*
hat in Übereinstimmung mit *C* und *I* die ursprüngliche
Lesung gewahrt.

4. v. 284: spille ʒe *C, I, V*; — spillist þou *P*. Daniel
wendet sich mit diesen Worten an die ganze Versammlung
des Volkes, die Anrede þou, die sich nur in *P* findet, ist also
verfehlt.

Weitere Bekräftigung findet meine Auffassung durch die
Lesungen der v.: 43, 59, 72, 79, 86, 117, 122, 127, 129,
134, 135, 138, 152, 162, 168, 174, 188, 226, 264, 310, 317,
322, 324, 326, 337.

Freilich darf nicht unerwähnt bleiben, dass eine Anzahl
von Stellen der von mir angenommenen Gruppierung der Hss.
zu widersprechen scheinen. Es handelt sich um folgende
Verse:

1. v. 128: cawghte of *C*; caght of *P*; — caste of *I, V*. An
sich sind beide Verba möglich. Dem Grundsatz zufolge, dass
bei der Entscheidung zwischen zwei inhaltlich gleichwertigen
Lesungen die seltenere Ausdrucksweise den Vorzug verdient,
werden wir jedoch caght of aus dem Streben nach einer
geläufigeren Ausdrucksweise zu erklären haben (für cacchen
of = abnehmen führt Mätzner, Wörterbuch I. p. 384 nur
zwei Belegstellen an).

Dieselbe Erklärung wird gelten bei

2. v. 175: domesmen were depute *I*; domysmene were
deputid *P*; — domusmen were dempt *V*; domesmen hadde
dempte *C*. Auch hier werden *V* und *C* selbständig das
seltnere deputen — ausser der vorliegenden Stelle ist das
Wort im Mittelenglischen überhaupt nur einmal belegt, und
zwar bei Wicliff (vgl. Mätzner a. a. O, p. 614 und Stratmann-
Bradley p. 160) — durch das gewöhnlichere dempnen ersetzt
haben.

3. v. 145 und 272: Die Auslassung des unbestimmten Artikels wie in v. 145, oder der Konjunktion þat wie in v. 272 beweisen natürlich garnichts.

4. v. 181: sauns pite *I*, *V*; — wiþout pite *P*, *C*; sauns und wiþout werden promiscue gebraucht.

5. v. 147: in balis to byde *C*, *I*; — wiþ baret to byde *P*; in baret to byde *V*. Baret giebt einen guten Sinn, balis dagegen nicht. Dass *I* und *C* selbständig zu dieser Änderung gekommen sind, lässt sich vielleicht durch das Faktum erklären, dass baret and balis bisweilen in alliterierender Bindung gebraucht werden, vgl. William of Palerne v. 5517.

6. v. 342: be a pyne *C*, *I*; bi a prine *P*, *V*. Der Vorlage entsprechend, die v. 58 sub prino hat, muss prine stehen. Die gleichmässige Änderung in *I* und *C* lässt sich wohl durch die gleiche Bedeutung von pyne und prine = Stecheiche erklären.

7. v. 313: sinned *J*, *V*; sinne *P*, *C*. Derartige unbedeutende Schwankungen in der Konstruktion sind belanglos.

8. v. 311 f.: For þeos in Babiloyne han bene Jugget of olde *I*, *V*; For (Whyle *C*) ʒe in Babiloyne han bene Jugges of olde *P*, *C*. Juggen mit dem Objekte domes = Urteile fällen, ist sprachlich wohl unmöglich; Mätzner, Wörterbuch, Bd. III, p. 126 führt wenigstens keine ähnliche Stelle an, daher die Lesung jugges als die allein richtige anzusehen ist. þeos bei *V* würde sich so erklären, dass Daniel die Worte an das Volk gewendet spricht. Eine Übereinstimmung in der falschen Lesung zwischen *V* und *I*, wie man eine solche aus Amours' Schweigen schliessen müsste, wäre ja allerdings sehr befremdend. Da dies aber die einzige, wirklich bedenkliche Stelle ist, so nehme ich bis auf weiteres an, dass der Herausgeber hier, wie ja auch sonst oft, einfach versäumt hat, die abweichende Lesung von *I* zu notieren.

Die wahrscheinliche Überlieferung unseres Denkmals dürfte sich also durch folgende Figur veranschaulichen lassen:

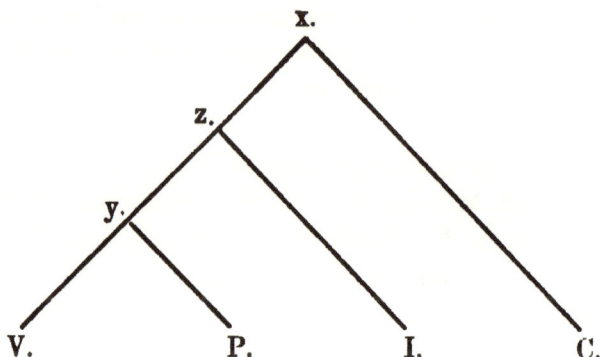

```
                    x.
                   /\
                  /  \
             z.  /    \
               \/      \
          y.   /\       \
            \ /  \       \
             /    \       \
            /      \       \
          V.       P.      I.      C.
```

Dialekt.

Horstmann Anglia, Bd. I, p. 85 stellt in Bezug auf die Mundart der Susanna die Ansicht auf, dass „der Text unzweifelhaft einst entschieden die lauteren und unverfälschten Formen des nördlichen Dialektes" gezeigt habe, und führt zur Unterstützung derselben eine ganze Reihe von Formen auf. Trautmann, Anglia, Bd. I, p. 109 ff. tritt an mehreren Stellen für die Ansicht ein, dass der Dialekt der Susanna der schottische sei, und bringt dafür ebenfalls eine Reihe von Gründen bei. Eine genaue Nachprüfung soll im folgenden gegeben werden unter alleiniger Benutzung der Reime. Der Kürze des Denkmals wegen sind ausser den beweisenden Reimen auch die nicht direkt beweisenden angeführt, letztere zur Unterscheidung eingeklammert.

I. Lautlehre.*)
Vokale.

ae. ä vor m erscheint als a: v. 231 ff.: schame (ae. sceamu): name r. m. blame. — a vor n erscheint als o: v. 66 ff.: lone r. m. Jone : plone : rone. — a vor nd erscheint als a: v.

---

*) Alle folgenden Citate sind nach dem Abdruck der Hs. V in Anglia, Bd. I. p. 93 ff. angegeben.

248 ff.: fond (l. fand) : hand : sande r. m. witand. Für o in v. 348
ff. (honde : honde : bronde) wird wohl gleichfalls a einzusetzen
sein. a vor k erscheint natürlich als a: v. 204 ff.: (sake :
undertake); v. 223 ff.: sake : take : make r. m. lake.
— a + g wurde zu aw: v. 23 ff.: lawe : awe (an. agi) r. m.
knawe. v. 236 ff.: withdrawen : sawen : dawen r. m. iknawen
— a erscheint als e: v. 243 ff.: dere (ae. daru) r. m. pere.
v. 119 ff.: strende (= strand, wohl in Anlehnung an nordisches
strendr) r. m. hende : weende : leende.

ae. æ ist zu a geworden: v. 301 ff.: sale r. m. pale :
dismale : bale; v. 347 ff.: raþe r. m. baþe. — Für ae. wæs
findet sich im Reime wase: v. 327 ff.: wase r. m. place : face :
case. — æ + g, ebenso wie ê + g und e + g ergabai, ei, ay
und ey: v. 9 ff.: (day : say); v. 15 ff.: feire r. m. eyre : may
(?): peire; v. 28 ff.: playe : day : say r. m. aye; v. 53 ff.: play :
awai : say r. m. Kai; v. 62 ff.: day : play r. m. assay;
v. 92 ff.: fayre r. m. ayre : cayre : flayre; v. 196 ff.: leyed r.
m. arayed : reneyed : paied; v. 209 ff.: play : day : away r. m.
valay; v. 218 ff.: say : away r. m. ay; v. 282 ff.: (layne : frayne).

ae. e ist zu i erhöht in: v. 102 ff.: hyng r. m. wederlyng : spryng. — Aus dem ae. part. praet. segen von sêon
ist durch Ausfall von g sene geworden: v. 197 ff.: sene r.
m. schene : kene : wene; v. 270 ff.: sene r. m. eyene (l.
eene) : clene; v. 309 ff.: seene r. m. bi deene : bene. — Für
die Lautung von ea vor ld existieren keine beweisenden
Reime; vgl. v. 35 ff.: (tolde : olde); v. 308 ff.: (bolde : olde).
— ea vor r + cons. wurde zu e: v. 118 ff.: ȝarde (l. ȝerde)
r. m. ferde : sperde : werde. — ea + h giebt e: v. 314 ff.: se (ae.
seah) r. m. tre : nere (l. ne) : þre; v. 335 ff.: se r. m. tre : þe (ae.
þeon). — ea, als u-Umlaut, wurde wieder zu a: v. 224 ff.:
care : ȝare r. m. sore (l. sare) : bare (ae. bâr); v. 303 ff.: bale
r. m. pale : dismale.

ae. e blieb e: v. 243 ff.: pere r. m. dere. — e + g ergab
ey oder ay (s. o.).

ae. eo erscheint als e: v. 80 ff.: glees (ae. gleowian, oder
glêowian? — vgl. hier Beues v. 189 C: The for to glee) r.

v. 105 ff.: crewe r. m. chewe (?) : preue : leue; v. 126 ff.: bifelle r. m. welle; v. 131 ff.: ʒerne : lerne r. m. derne : werne; v. 262 ff.: heuene : seuene r. m. nempne (l. neuene) : steuene; v. 290 ff.: fele r. m. apele; v. 352 ff.: glees (ae. gleowan) r. m. knees : trees : lees; v. 361 ff.: bifel r. m. Danyel : wel; v. 365 ff.: heuene r. m. steuene.

ae. i erscheint als i: v. 1 ff.: sich r. m. riche : liche dich; v. 106 ff.: (niht : ipiht : siht : ariht); v. 152 ff.: (þis : iwis); v. 244 ff.: (miht : niht : diht); v. 261 ff.: miht : riht : diht r. m. hiʒt; v. 313 ff.: siht : miht : briʒt r. m. hiht.

ae. o erscheint als ou: v. 144 ff.: wrouʒt r. m. þouʒt : souʒt : nouʒt.

ae. u erscheint als o: v. 36 ff.: comes : gomes r. m. domes; v. 166 ff.: (shont : stont : wont).

ae. y (i-Umlaut von u) ist im Reime nicht belegt.

ae. â hat 1) die Geltung von â: v. 23 ff.: knawe r. m. lawe : awe; v. 171 ff.: sore (l. sare) : mare r. m. clare (= declare); v. 222 ff.: sore (l. sare) : bare r. m. care : ʒare; v. 236 ff.: iknawen r. m. withdrawen : sawen : dawen; v. 256 ff.: (mare r. m. þare); v. 347 ff.: baþe r. m. raþe. 2) Die Geltung von ô: v. 49 ff.: (al on r. m. Suson : merion (?)); v. 56 ff.: one : none r. m. wone : trone; v. 61 ff.: (two : wo); v. 132 ff.: one : lemmone : gone r. m. wone; v. 296 ff.: (two : wo : go); v. 339 ff.: hored : rored r. m. lord : acorde. 3) Die Geltung von ê nur in der Silbe hede: v. 178 ff.: ffalshede r. m. drede; v. 274 ff.: ʒouþehede r. m. drede : ungnede : dede; v. 295 ff.: falshede r. m. nede.

ae. ǣ hat die Geltung â: v. 173 ff.: wore (l. ware; ae. wǣron) r. m. clare (= declare); hierher gehört weiter die Gestaltung von ae. þǣr. Es findet sich mit der Geltung a: v. 191 ff.: þare r. m. bare (nudus); v. 256 ff.: (þare r. m. mare); mit der Geltung e: v. 27 ff.: peere r. m. nere : þere : here. In allen andern Fällen hat ae. ǣ die Geltung ê: v. 22 ff.: (rede : weede); v. 118 ff.: ferde r. m. ʒarde (l. ʒerde) : sperde : unwerde; v. 178 ff.: drede r. m. ffalshede; v. 184 ff.: dedes : wedes : dredes r. m. hedes; v. 270 ff.: clene r. m. sene : eyene

(l. eene); v. 274 ff.: drede : ungnede : dede r. m. ȝouþehede; v.
288 ff.: mele : dele r. m. apele; v. 326 ff.: drede : sede : dede r.
m. bede; v. 334 ff.: (wede : dede); v. 353 ff.: lent r. m. entent
: assent : schent; v. 360 ff.: sete r. m. profete.

ae. ô: Hervorzuheben ist, dass das præt. vom ae. draȝan
drewe lautet: v. 40 ff.: drewe r. m. eschewe; Die 3. p. pl.
præt. von ae. swerian lautet swere (vgl. K. Jp. p. CLXIII);
v. 165 ff.: swere r. m. here; — ô erscheint als ô: v. 126 ff.:
(sone : none); v. 217 ff.: (soþ : toþ); v. 283 ff.: (foode : blode :
stode). — ô erscheint als ou: v. 144 ff.: þouȝt : souȝt : r. m.
nouȝt : wrouȝt.

ê, der Umlaut des ô, reimt mit ê anderen Ursprungs:
v. 67 ff.: grene r. m. sene : twene : sene; v. 184 ff.: hedes r.
m. dedes : wedes : dredes; v. 257 ff.: feete r. m. swete : mete.

ae. î ist erhalten: v. 1 ff.: riche : liche : dich r. m. sich;
v. 145 ff.: (syde : byde : tyde : wyde); v. 192 ff.: wyre : shire
r. m. fyre; v. 340 ff.: prine : pine : dine r. m. tyne.

ae. û in französischer Weise gleich ou geschrieben: v.
79 ff.: loude : proude : croude : schroude; v. 230 ff.: couþe r.
m. ȝouþe (ȝuȝecte); v. 249 ff.: couþe : mouþ : souþ r. m.
ȝouþe (ȝuȝecte).

ae. êo ist stets zu e geworden: v. 10 ff.: trees r. m.
sees : alees; v. 40 ff.: grewe : hewe r. m. drewe : eschewe;
v. 67 ff.: sene : twene : sene r. m. grene; v. 80 ff.: trees
r. m. pees : glees : seetes (l. sees); v. 88 ff.: trene r. m.
grene : damasene; v. 93 ff.: hewe : grewe : newe r. m. bewe;
v. 170 ff.: knewe : hewe : newe r. m. dewe (dêawian); v.
179 ff.: fre r. m. affinite : pite; v. 183 ff.: hewe : trewe : brewe
r. m. Jewe; v. 269 ff.: fre r. m. me; v. 275 ff.: lere : dere
r. m. preyere; v. 302 ff.: steere r. m. apere : unclere; v. 309 ff.:
bene r. m. seene : deene; v. 314 ff.: tre : þre r. m. se : nere
(l. ne); v. 335 ff.: þe : tre r. m. se; v. 352 ff.: knes : tres r.
m. glees : lees.

ae. êa ist zu e geworden: v. 95 ff.: bewe r. m. hewe :
grewe : newe; v. 105 ff.: leue r. m. chewe (?) : preue : creue;
v. 113 ff.: lees r. m. pres; v. 170 ff.: dewe (= ae. dêawian) r. m.

knewe : hewe : newe; v. 235 ff.: leue r. m. dene : mischeue : forʒiue (l. forʒeue); v. 270 ff.: eyene (l. eene; ae. êagan) r. m. senc : clene; v. 277 ff.: ʒere r. m. preyere; v. 295 ff.: nede r. m. falshede; v. 314 ff.: nere (l. ne; ae. nêah) r. m. tre : þre; v. 321 ff.: lese r. m. dese; v. 326 ff.: bede r. m. drede : sede : dede; v. 352 ff.: lees r. m. knes : glees : trees. — êa + ʒ entwickelte sich zu y: v. 157 ff.: hi r. m. cri : ladi : avoutri êa + ursprüngliches h wird zu ih: v. 2 ff.: heiht (l. hiht) r. m. hiht : riht : idiht; v. 261 ff.: hiʒt r. m. miht : riht : diht; v. 313 ff.: hiht r. m. siht: miht : briʒt.

ae. ŷ, als i-Umlaut von û, wird zu î: v. 192 ff.: fyre r. m. wyre : schire.

ae. ê, als i-Umlaut von êa, erscheint als ê: v. 27 ff.: here r. m. nere : þere : peere; v. 47 ff.: (here : chere); v. 158 ff.: leeue r. m. keuercheue : preue : greue; v. 165 ff.: here r. m. swere.

II. Bemerkungen zur Flexion.

Der Plural der **Substantiva** lautet aus: 1) auf s: v. 10 ff.: (sees : alees : trees); v. 36 ff.: domes : gomes r. m. comes; v. 80 ff.: trees : seetes (l. sees) r. m. pees : glees; v. 184 ff.: dedes : wedes r. m. hedes : dredes; v. 352 ff.: knes : trees r. m. glees : lees. — 2) auf n: v. 88 ff.: trene r. m. grene : damasene; v. 236 ff.: (sawen : dawen r. m. withdrawen : iknawen); v. 270 ff.: eyene (l. eene) r. m. sene : clene. — 3) wird durch Umlaut gebildet: v. 257 ff.: feete r. m. swete : mete.

Die Flexion der **Adjektiva** ist verloren.

Die Flexion des **Verbums** betreffend, so erscheint zunächst der **Infin. Präs.** fast stets ohne das Schluss-n, mit oder ohne tonloses e: v. 13 ff.: say r. m. day; v. 22 ff.: rede r. m. weede; v. 23 ff.: knawe r. m. lawe : awe; v. 27 ff.: here r. m. nere : þere : peere; v. 28 ff.: playe : say r. m. day; v. 40 ff.: eschewe r. m. drewe : grewe : hewe; v. 41 ff.: sese r. m. Juwesse : fresse : chese; v. 47 ff.: here r. m. chere; v. 53 ff.: say r. m. play : awai : Kai; v. 62 ff.: assay r. m. play : day; v. 101 ff.: hyng : spryng r. m. wederlyng; v. 105 ff.:

preue r. m. cheue : leue : creue; v. 119 ff.: leende r. m.
hende : weende : strende; v. 131 ff.: lerne : werne r. m. derne :
ʒerne; v. 145 ff.: byde r. m. syde : tyde : wyde; v. 158 ff.: preue :
greue r. m. keuercheue : leeue; v. 171 ff.: clare r. m. sore (l. sare) :
wore (l. ware) : mare; v. 183 ff.: brewe r. m. Jewe : hewe :
trewe; v. 204 ff.: undertake r. m. sake; v. 205 ff.: ataynt r. m.
waynt : playnt; v. 209 ff.: play r. m. day : away : valay; v.
210 ff.: close : suppose r. m. rose : purpose; v. 223 ff.: take :
make r. m. sake : lake, v. 257 ff.: mete r. m. feete : swete;
v. 282 ff.: (layne : frayne); v. 288 ff.: mele : dele r. m. fele :
apele; v. 300 ff.: apere : steere r. m. sere : unclere; v. 335 ff.:
þe r. m. tre : se; v. 339 ff.: acorde r. m. bored : rored : lord;
— Als Ausnahme ist nur zu verzeichnen: v. 67 ff.: sene : sene r.
m. grene : bitwene. — Die **2. Pers. Sing. Präs.** ist durch die
Reime nicht belegt. — Die **3. Pers. Sing. Präs.** lautet auf s aus :
v. 36 ff.: comes r. m. domes : gomes; v. 184 ff.: hedes : dredes r. m.
dedes : wedes. — Der **Plur. Präs.** lautet: 1) auf s aus: v. 80 ff.:
glees r. m. trees : pees : seetes (l. sees); v. 352 ff.: glees r. m. knes :
tres : lees. — erscheint 2) ohne Flexion: v. 62 ff.: play r.
m. day : assay; v. 79 ff.: croude r. m. loude : proude : schroude;
v. 92 ff.: cayre r. m. fayre : ayre : flayre; v. 105 ff.: creue
r. m. cheue : preue : leue; v. 158 ff.: leeue r. m. keuercheue :
preue : greue; v. 170 ff.: dewe r. m. knewe : hewe : newe;
v. 218 ff.: say r. m. away : ay. — Der **Plur. Imp.** ist endungs-
los: v. 119 ff.: weende r. m. hende : strende : leende. — Der
Konj. Präs. ist durchweg flexionslos: v. 140 ff.: deny r. m.
trewely : avontri; v. 235 ff.: forʒiue (l. forʒeue) r. m. deue :
leue : mischeue; v. 296 ff.: go r. m. two : wo; v. 340 ff.: tyne :
dine r. m. prine : pine. — Das **Part. Präs.** lautet auf and
aus: v. 250 ff.: wytand r. m. fond (l. fand) : hand : sande. — Die
starken Verba haben im Prät. den Stammvokal des Sing.
und des Plur. zu gunsten des Sing. ausgeglichen: v. 41 ff.:
chese r. m. Juwesse : fresse : sese; v. 93 ff.: bewe r. m. hewe :
grewe : newe. — Die **2. Pers. Sing. Prät.** ist zunächst bei
dem schwachen Verbum seggen belegt. V schreibt v. 287
zwar seís, P sayes und C und I seyþe, reimend mit feiþ :

leiþ : ungreiþ. Ich möchte hier C und I Recht geben und
seiþ = seid in den Text setzen. — Die 2. Pers. Sing.
Prät. eines starken Verbums findet sich dann noch in
v. 335 ff.: se r. m. þe : tre. — Der **Plur. Prät.** hat die
Flexionsendung verloren: v. 40 ff.: drewe r. m. grewe :
hewe : eschewe; v. 41 ff.: chese r. m. Juwesse : fresse : sese;
v. 93 ff.: grewe : bewe r. m. hewe : newe; v. 165 ff.: swere
r. m. here; v. 166 ff.: shont r. m. stont : wont; v. 170 ff.:
knewe r. m. hewe : dewe : newe; v. 283 ff.: stode r. m. foode :
blode. — Das **Part. Prät.** der starken Verba weist die
Endung n auf: v. 132 ff.: gone r. m. one : wone : lemmone;
v. 197 ff.: sene r. m. schene : kene : wene; v. 236 ff.: (withdrawen : iknawen r. m. sawen : dawen); v. 270 ff.: sene r. m.
eyene (l. eene) : clene; v. 309 ff.: seene r. m. bi deene : bene. —
Von den Formen des Verb. **bêon** finden sich die folgenden
durch die Reime belegt: Die 2. Pers. Sing. Prät.: v. 327 ff.:
wase r. m. place : face : case; der Plur. Prät.: v. 171 ff.:
wore (l. ware) r. m. sore (l. sare) : clare : mare; das Part.
Prät.: v. 309 ff.: bene r. m. seene : bi deene.

Im folgenden sollen nun die eben dargelegten sprach-
lichen Erscheinungen noch einmal durchgegangen werden,
um dabei festzustellen, ob sich dieselben zu der Behauptung
Horstmanns, dass wir es mit einem nördlichen Denkmale zu
thun haben, im Einklang befinden oder nicht.
Das Verhalten von a bietet nach W. U. p. 9 und K.
T. p. LXIX keinen dialektischen Unterscheidungsgrund dar.
Ebenso wenig ist ae. æ oder e, der i-Umlaut von a, in seinem
Verlauf für den Dialekt von irgend welcher Bedeutung. Das
ae. ea erscheint in unserm Texte als e, o und a. Wie aber
schon oben bei der Aufstellung angedeutet wurde, ist o
keineswegs gesichert, es steht nicht in entscheidenden Reimen.
Es kann diese Lautung daher sehr wohl auf Rechnung
des Schreibers gesetzt werden. Aber selbst das wäre ja

gar nicht einmal notwendig. Nach den Ausführungen von
K. T. p. LXX kommen alle drei Lautfärbungen im Verlaufe
des vierzehnten Jahrhunderts, und unsern Text haben wir
nach Trautmann um 1360 anzusetzen, im Nordenglischen vor.
ae. y (i-Umlaut von u) begegnet im Reime nicht. Die
anderen noch auftretenden kurzen Vokale geben an dieser
Stelle zu keinen Bemerkungen Veranlassung.

Ae. â erscheint in der Susanna in den drei Lautfärbungen
â, ô, ê. Die Lautung â ist die den nordenglischen Denkmälern eigentümliche. Wie oben bei der Zusammenstellung
durch die Klammern angedeutet wurde, ist auch ein Teil der
vorhandenen ô-Reime nicht zwingend und lässt sich, wie
schon Horstmann a. a. O. p. 87 sagt, leicht in â-Reime um-
setzen. Dies ist jedoch nicht der Fall bei den Reimen v.
54 ff.: one : none r. m. wone : trone und v. 339 ff.: hored :
rored r. m. lord : acorde. — Nach der ausführlichen Be-
sprechung aber, die K. T. p. LXXI ff. diesem aus â ent-
standenen ô gewidmet hat, „können die o-Reime nicht als
gegen den nordenglischen Ursprung sprechend angesehen
werden." Der Übergang von â zu ê in der Silbe hede findet
sich auch in andern nordenglischen Texten.

Ae. ǽ in þǽr und wǽron anlangend, ist zu bemerken, dass
sich von beiden die Formen mit â, von dem ersten auch eine
mit e findet. Nach den Ausführungen von Br. Th. p. 55
und 56 ist die Lautung a die dem Norden eigentümliche.
In Bezug auf das e kommt Brandl zu dem Schlusse, dass
es „seit der Mitte des 14. Jahrhunderts im Nordenglischen"
vorzudringen scheine. K. T. p. LXXIII ff. erweitert diesen
Satz dahin, dass das Vordringen schon am Anfang des Jahrhunderts beginne. Auf jeden Fall spricht das e in unserm
Denkmal nicht gegen seinen nördlichen Ursprung. In anderen
Worten findet sich e statt ae. ǽ ebenfalls schon früh.

Die in der obigen Aufstellung sonst noch behandelten
Vokalformationen geben hinsichtlich des Dialektes zu keinen
Bemerkungen Veranlassung.

Bezüglich der Flexion ist folgendes zu bemerken: Von den

auf n gebildeten Pluralen gehört v. 270: eene, speciell in dieser Schreibung, zu den wenigen, die sich auch sonst in nördlichen Denkmälern finden. Die Plurale v. 88: trene r. m. grene : damasene und v. 236: sawen : dawen r. m withdrawen : iknawen sind allerdings sonderbar. Da es im letzteren Falle nicht wohl angeht, das n des Part. Prät. von withdrawen : iknawen zu streichen, so haben wir in diesen zwei Fällen wohl ebenso einen Einfluss des Reimzwanges zu erblicken, wie etwa im südlichen Infin. armi, Sir Tristrem 3323. Das Fehlen des n bei den Infinitiven entspricht nordenglischem Gebrauche. Der eine Infinitiv, der das n bewahrt hat, sene, gehört zu den Infinitiven von einsilbigen Verben, die sich auch sonst in nordenglischen Denkmälern finden, wie z. B. im Sir Tristrem, vgl. K. T. p. LXXIV.

Mit Bezug auf die 3. Pers. Sing. Präs. ist nach dem Vorgange Kölbings T. p. LXXV die Ansicht Horstmanns zurückzuweisen, als sei die Endung -es in dieser Form ein ausschliessliches Kriterium für den nordenglischen Dialekt; sie findet sich auch im westlichen Mittellande, vgl. K. Ip. p. CLXXII., spricht natürlich aber auch nicht gegen jenen.

Der Plur. Präs. Ind. ist bis auf zwei Fälle flexionslos. Es ist das nach der von Murray: The Dialect of the Southern Counties of Scotland, Transactions of the Philological Society 1870 — 72. Part II p. 212 aufgestellten Regel: „Before the date of the earliest Northern writings of the 13 th century, the form without the -s had been extended to all cases in which the verb was accompanied by its proper pronoun, whether before or after it, leaving the full form in -s to be used with other nominatives only" nicht auffällig, denn in allen aufgeführten Fällen ist das Pronomen mit der Verbalform verbunden. Eine Ausnahme macht nur v. 170 ff. dewe r. m. knewe : hewe : newe. Auf die Möglichkeit des Abfalls auch eines solchen -s in nördlichen Denkmälern weist schon Br. Th. p. 72 hin, wo er aus R. Hampole das Beispiel clerkes prove anführt. Auf der andern Seite ist die eine der Formen mit s, v. 84: glees, von dem

Pronomen begleitet, und das beweist, wie schon K. T. p.
LXXV bemerkt, dass der in der Regel Murrays angege-
bene Unterschied in der Susanna „nicht mehr gewahrt" ist.
Die 2. Pers. Sing. Prät. seiþ : seid v. 287 hat, wie immer
im Norden (aber nicht nur im Norden; vgl. K. Merl.
LIX), nicht die Flexionsendung -est.

Das Eindringen des Ablautsvokals des Sing. Prät. in
den Plur. bei den starken Verben ist charakteristisch für
den nordenglischen Dialekt, die eine vorkommende Form des
Part. Präs. v. 250 ff. wytand ebenfalls. Die Part. Prät.
haben sämtlich das n der Endung bewahrt, was gleichfalls
sich mit den Eigentümlichkeiten des nordenglischen Dialektes
vollkommen deckt. Auch die angeführten Formen des Verbums
bêon erheben gegen die Lokalisierung des Dialektes im
Norden keinen Widerspruch; man beachte besonders wase
= wast.

Nach den vorstehenden Ausführungen lässt sich daher
kein Einwand geltend machen gegen die Behauptung Horstmanns, dass wir es mit einem rein nordenglischen Denkmal
zu thun haben. Als weiterer Unterstützungspunkt seiner
Ansicht lässt sich vielleicht noch auf den so häufigen Gebrauch von ay als Flickwort im Reime und auf das Vorkommen einer Menge anderer nordenglischer Worte hin-
weisen, wie maker, demer, sere und andere mehr. Wie ver-
hält es sich nun aber mit der Behauptung Trautmanns, dass
der Dialekt der Susanna schottisch sei? Murray: The Dialect
of the Southern Counties of Scotland, p. 29 ff. und 40 ff.,
sagt, dass sich im vierzehnten und fünfzehnten Jahrhundert
kein Unterschied zwischen der nordenglischen und der
schottischen Mundart nachweisen lasse. Trautmann a. a. O.
p. 139 ff. führt für seine Ansicht an, den Gebrauch, „den
nämlichen Reimstab durch zwei oder mehrere auf einander
folgende Zeilen hindurchgehen zu lassen", ebenso die Ver-
wechslung der Schriftzeichen v und w, resp. das Reimen
dieser beiden Konsonanten miteinander; er meint also hier
einen Unterschied zwischen Nordenglisch und Schottisch nach-

weisen zu können. Nachdem aber Luick gelegentlich seiner Abhandlung „Die englische Stabreimzeile“ Anglia Bd. XI, p. 405 ff. und 485 ff. darauf hingewiesen hat, dass diese beiden Kriterien sich auch in andern alliterierenden Gedichten finden, kann man wohl sagen, dass der Mundart nach es sich nicht ausmachen lässt, ob wir unser Gedicht dem Nordenglischen oder Schottischen zuzuweisen haben. Für seine Entstehung in Schottland entscheidet aber die doch wohl als feststehend anzusehende Verfasserschaft Huchown's.

Metrik.

a) Strophe und Vers.

Nachdem Horstmann in Anglia Bd. I, p. 91 ff. und Schipper in seiner Altenglischen Metrik, Bonn 1881, p. 213 und 219 ff. über den Strophenbau und den Vers unserer Legende gesprochen haben, hat Luick, sich stützend auf eine vorausgegangene Abhandlung: Die englische Stabreimzeile im XIV., XV. und XVI. Jahrhundert in Anglia Bd. XI, p. 392 ff. und 553 ff., auch über die „Metrik der mittelenglischen reimend-alliterierenden Dichtung“, unter diesen auch über die der Susanna, in Anglia Bd. XII, p. 437 ff. gehandelt. Es würde unnötige Wiederholungen zur Folge haben, wollte ich hier noch einmal auf diesen Stoff des näheren eingehen. Ich begnüge mich daher, die von Luick gefundenen Resultate mit Beschränkung auf den vorliegenden Text wiederzugeben. Die Susanna hat 28 Strophen zu je 13 Versen und eine Schlussbemerkung aus 2 Versen. Die sehr künstliche Strophe besteht aus 4 Gliedern. Das erste Glied umfasst 8 Langzeilen, die nach dem Schema A B A B A B A B reimen. Jeder dieser Verse ist durch eine Cäsur deutlich in zwei Halbverse getrennt, von denen der zweite, so weit er nicht

von dem Reime beeinflusst ist, bedeutend strenger und fester
gebaut ist, als der erste. In Bezug auf den inneren Bau
dieser Verse muss ich auf die genannten Abhandlungen
von Luick verweisen. Die 9. Zeile, die ihrerseits mit der
13. reimt, ist ein sogenannter Bobvers, meistens nur aus zwei
Silben bestehend, dem Sinne nach eine Art Anhang an die
8. Zeile, vgl. hierzu K. T. p. XLVII und weiter unten p. 28.
Die drei folgenden Zeilen sind nach Luick nichts anderes als
erste Halbverse jener Langzeilen, mit dem einzigen Unter-
schiede, dass sie untereinander gereimt sind. Die 13. Zeile
endlich ist ein 2. Halbvers jener Langzeilen, der, wie schon
erwähnt, mit dem 9. Verse reimt. Luick sieht in Versen,
wie die in dem vorliegenden Texte, eine Fortsetzung der altenglischen Typen im Mittelenglischen und zergliedert die
einzelnen Halbverse in entsprechender Weise. Dasselbe gilt
auch in Bezug auf die so sehr stark vertretene Alliteration.
Jeder Halbvers hat 2 Stäbe, die untereinander alliterieren,
in den Langzeilen alliterieren meist alle 4 Stäbe, doch
kommen auch Abweichungen vor. In den ersten Halbversen
finden sich nicht selten 3 Reimstäbe, „d. h. ein rhytmischer
Nebenton nimmt an der Alliteration teil." Der Dichter legt
auf die reichliche Anwendung derselben augenscheinlich das
grösste Gewicht und sucht sie überall zur Geltung zu bringen.
　　Auch was den Inhalt anbetrifft, bildet die Strophe in
unserm Texte meist ein abgeschlossenes Ganzes für sich,
indem sie mit ihrem Rahmen eine Gruppe zusammenhängender
Handlungen oder Gedanken umschliesst; sogar in der Beschreibung des Gartens, die sich durch 4 Strophen hinzieht,
ist eine gewisse Sonderung durchgeführt, indem in Strophe
VI von Zierbäumen, in Strophe VII von Vögeln, in Strophe
VIII von Fruchtbäumen und in Strophe IX von niederen
Pflanzen fast ausschliesslich gesprochen ist. In andern
Fällen schliessen die Strophen mit den Reden einer Person
ab, wie Strophe XI, XIX, XX, XXI, XXII. Dreimal konnte
die Rede nicht in eine Strophe gebracht werden, es entstand
so gewissermassen ein Enjambement zwischen 2 Strophen:

XVII und XVIII, XXIV und XXV, XXVI und XXVII. Bei den einzelnen Versen findet sich Enjambement nur zwischen v. 192 und v. 193.

b) Der Reim.

Der Reim ist im allgemeinen sehr regelmässig durchgeführt und giebt nur zu einigen wenigen Bemerkungen Anlass.

Es sind nur zwei Fälle von reichem Reim vorhanden:

a) Beide Wörter sind bei verschiedener Bedeutung vollständig gleich:

v. 2 : 6 : hight r. m. heiht (l. hiht).

b) Beide Wörter haben verschiedene Silben vor der reimenden:

v. 210 : 216 : purpose r. m. suppose;

v. 322 : 324 : comaundement r. m. juggement.

Es finden sich zwei Fälle von gleichem Reim:

v. 348 : 349 : honde : honde.

v. 69 : 73 : sene : sene.

Der Reim wird nur durch schwebende Betonung ermöglicht:

v. 101 ff.: wederlyng r. m. hyng : spryng;

v. 140 ff.: trewely : avoutri r. m. deny;

v. 153 ff.: ladi : selli r. m. cri;

v. 157 ff.: ladi : avoutri r. m. cri : hi.

Weiter sind noch zwei Fälle von Assonanz zu verzeichnen:

v. 15 ff.: may r. m. eyre : feire : peire (jedenfalls abzuändern);

v. 287 ff.: seid r. m. feiþ : leiþ : ungreiþ.

Nach dem Vorgange von Kölbing T. p. XXXV ff. gebe ich schliesslich noch eine Zusammenstellung der von dem Dichter verwandten Reime. Auch in unserm Texte ergiebt sich eine häufige Wiederholung desselben Reimes, namentlich wenn man nicht unterlässt, die drei folgenden Gruppen auch untereinander zu vergleichen.

Ich fasse zunächst die Verse 1, 3, 5, 7 und 2, 4, 6, 8

zusammen. Von den 56 Reimen sind 37 verschiedene; am häufigsten erscheint ewe = eue, nämlich 7 mal; iht 4 mal, ay 3 mal; ede 3 mal, ere 3 mal, one 3 mal, are 2 mal, ene 2 mal, ees 2 mal, ace 1 mal, ake 1 mal, age 1 mal, aid 1 mal, ayre 1 mal, ale 1 mal, and 1 mal, awen 1 mal, e 1 mal, edes 1 mal, eyr 1 mal, eiþ 1 mal, ele 1 mal, ende 1 mal, ent 1 mal, erde 1 mal, erne 1 mal, ese 1 mal, euene 1 mal, i 1 mal, iche 1 mal, ide 1 mal, ine 1 mal, onde 1 mal, ord 1 mal, ose 1 mal, ouʒt 1 mal, ouþe 1 mal.

Zweitens fasse ich die Reime 10, 11, 12 der Strophe zusammen: Unter 28 Reimen finden sich 23 verschiedene: ay = ai 6 mal, ene 3 mal, e 2 mal, y = i 2 mal, aynt 1 mal, ame 1 mal, ande 1 mal, awe 1 mal, ees 1 mal, el 1 mal, elle 1 mal, ent 1 mal, est 1 mal, ete 1 mal, iht 1 mal, yng 1 mal, ire 1 mal, o 1 mal, ode 1 mal, oyne 1 mal, omes 1 mal, on 1 mal, ont 1 mal.

Als dritte Rubrik nenne ich die Reime 9 und 13 der Strophe: Unter 28 Reimen finden sich 20 verschiedene: ere 4 mal, ede 3 mal, ay 2 mal, are 2 mal, olde 2 mal, ake 1 mal, aled 1 mal, ayne 1 mal, aþe 1 mal, e 1 mal, ees 1 mal, ese 1 mal, ete 1 mal, iht 1 mal, is 1 mal, o 1 mal, one 1 mal, oþ 1 mal, ouþe 1 mal.

Bei der wenn auch immerhin noch geringen Wiederholung der Reimkombinationen hat der Dichter doch kein Bedenken getragen, denselben Reim kurz hintereinander zu gebrauchen. Es findet sich derselbe Reim:

α) in derselben Strophe:
    ay V, XVII, ede XXVI;

β) in zwei aufeinanderfolgenden Strophen:
    one V : VI; ene VI : VII; eue VIII : IX; one X : XI;
    are XIV : XV: ede XXII : XXIII;

γ) in drei aufeinanderfolgenden Strophen:
    i XI : XII : XIII; eue XIII : XIV : XV.

c) Die Alliteration.

Wie oben schon erwähnt, hat der Dichter grossen Fleiss darauf verwendet, seiner Dichtung den Schmuck der Alli-

teration in recht reichem Masse zu teil werden zu lassen.
Um einen Überblick davon zu erlangen, möge hier eine Zusammenstellung der Verteilung auf die einzelnen Stäbe folgen.
Vorher aber will ich die Verse anführen, wo die Alliteration
sich auf mehrere Verse erstreckt:

Alliteration zwischen 3 Versen: 46 : 47 : 48; (77 : 78 :
79). Es ist dies der einzige Fall, wo die Alliteration aus
einer Strophe in die andere übergreift; 144 : 145 : 146.

Alliteration zwischen 2 Versen: 19 : 20; 30 : 31; 36 :
37; (51 : 52); 54 : 55; 81 : 82; 105 : 106; 107 : 108; 123 :
124; 141 : 142; 150 : 151; 157 : 158; 159 : 160; 163 : 164;
(168 : 169); 176 : 177; 179 : 180; (207 : 208); 219 : 220;
(233 : 234); 235 : 236; 250 : 251; 254 : 255; 289 : 290; 330 :
331; (350 : 351). Die in vorstehenden Aufzählungen einge-
klammerten Zahlen umfassen stets einen 12. und 13. Vers
einer Strophe. Da nun der 12. Vers eine erste, der 13.
eine zweite Vershälfte darstellt, so habe ich diese Alliterationen
noch einmal und zwar wieder in Klammer unter der Aufzählung nach Stäben angeführt, indem ich dort beide Verse
als eine Langzeile betrachte.

Der folgenden Einteilung liegt die von Brandl Th. p.
46 ff. adoptierte zu Grunde:

Konsonantische Alliteration umfasst:

1. 4 Stäbe in der Ordnung a a a a:

3; 4; 6; 17; 19; 31; 33; 40; 42; 46; 47; 53; 54; 55;
56; 57; 59; 67; 68; 69; 70; 72; 81; 83; 84; 85; 92; 95;
96; 97; 98; 105; 107; 108; 109; 110; 111; 112; 119; 123;
124; 125; 131; 134; 135; 137; 138; 146; 147; 149; 150;
151; 157; 162; 173; 174; 177; 186; 187; 188; 190; 197;
201; 212; 213; 222; 224; 225; 226; 227; 228; 229; 235;
236; 237; 240; 241; 242; 248; 254; 262; 263; 264; 266;
267; 275; 276; 278; 287; 288; 291; 292; 293; 294; 300;
307; 313; 315; 316; 319; 329; 333; 346; (350 : 351); 353;
354; 356; 359.

4 Stäbe in der Ordnung aabb:

28; 30; 121; 339.

2. 3 Stäbe nebeneinander (1. 2. 3.):

1; 2; 21; 29; 41; 44; 58; 66; 71; 73; 79; 86; 93; 99; 106; 133; 144; 159; 164; (168 : 169); 171; 172; 175; 176; 185; 196; 198; 200; 239; 252; 253; 261; 265; 268; 277: 280; 281; 305; 320; 355.

(2. 3. 4):
14; 27; 34; 158; 161; 183; 302; 316; 317; 342.

getrennt (1. 3. 4.):
15; 32; (233 : 234); 279; 290; 328.

(1. 2. 4.):
7; 16; 18; 43; 82; 120; 122; 145; 148; 170; 199; 202; 203; (207 : 208); 209; 210; 216; 223; 238; 249; 250; 255; 274; 289; 301; 306; 314; 326; 327; 331; 340; 341; 343; 358.

3. 2 Stäbe
a) nebeneinander im ersten Halbvers: 163; 215; 251; 332; 344. Hier schliessen sich die Alliterationen in den Versen 10, 11, 12 jeder Strophe an: 10; 23; 24; 25; 38; 50; 62; 63; 64; 75; 76; 77; 88; 89; 90; 101; 102; 103; 114; 116; 127; 128; 129; 140; 141; 153; 154; 155; 166; 167; 168; 179; 181; 193; 205; 206; 207; 219; 220; 230; 232; 246; 257; 283; 287; 298; 309; 310; 311; 337; 350; 361; 362; im zweiten Halbvers: 5; 118; 211. Hier schliessen sich die Alliterationen in dem Verse 13 jeder Strophe an: 13; 26; 65; 78; 91; 117; 156; 182; 195; 221; 234; 273; 286; 299; 325; 338; 351; der zweite und dritte Stab: (51 : 52); 132; 304; 330; b) getrennt (1. 3.) : 60; 352; (1. 4.) 20; 303; (2. 4.) 45; 136; 184; 214; 345; 357. Erheblich seltener erscheint vokalische Alliteration*): 1. Vier Stäbe in der Ordnung a a a a: 8;

---

*) Bei diesen Zusammenstellungen in Bezug auf Stabreime sind alle Fälle vokalischer Alliteration mitberücksichtigt worden, unten dagegen bei der Classification der verschiedenen alliterierenden Bindungen geschieht das nur, wenn derselbe Vokal reimt.

2. Drei Stäbe in der Ordnung (1. 2. 4.): 94;

3. Die beiden Stäbe des ersten Halbverses (1. 2.) 5; 80; 115.

Um die Häufung der Alliteration noch mehr hervortreten zu lassen, mögen hier die wenigen Verse folgen, in denen sich keine Alliteration findet: 12; 39; 51; 104; 130; 143; 192; 218; 244; 245; 247; 258; 259; 260; 270; 271; 272; 284; 296; 312; 322; 323; 324; 335; 336; 348; 349; 363; 364; 365; 366.

Am Ende dieser Zusammenstellung sei noch besonders erwähnt, dass auch Vers 9 jeder Strophe bisweilen an der Alliteration teilnimmt, indem er sich, wie dem Sinne nach, so auch mit seinem Anlaut dem Verse 8 anschliesst. Solche Alliteration findet sich: 48; 87; 100; 204; 217; 243; 308; 334; 360. Es alliterieren dagegen nicht: 9; 22; 35; 61; 74; 113; 126; 139; 152; 165; 178; 191; 230; 256; 269; 282; 295; 321; 347.

Im Anschluss an diese Vorführung der Versstellen, wo Stabreim in unserm Denkmal vorkommt, gehe ich nun daran, eine Zusammenstellung der verschiedenen alliterierenden Bindungen zu geben. Einige Angaben über ähnliche Arbeiten finden sich bei Kölbing Ip. p. CXVIII. Die nachfolgende Classification ist an die von Kölbing im Ipomedon gegebene erweiterte Einteilung, die auf dem bekannten Aufsatze von Regel basiert, angeschlossen. Einige Hinweise auf Parallelstellen in anderen me. Gedichten sind in Klammern beigefügt.

I. A. Wiederholung eines bedeutenderen Wortes in derselben oder einer andern Form,

a) innerhalb zweier Verse:

v. 78 f.: In *blossoms* so briht. þe briddes in *blossoms* þei beeren wel loude; v. 254 f.: Was *neuer* more serwful segge, bi se nor bi sande, Ne *neuer* a soriore siht, bi norþ ni bi souþ; v. 278 f.: He directed þis dom and þis delful *dede* To Danyel, þe prophete, of *dedes* so dere (K. Am. p. LXVI).

In einem Falle erscheint dasselbe Wort nur innerhalb dreier Verse wieder, dient aber in dem ganzen Zusammenhange doch zur Hervorhebung:

v. 77—79: Bliþest *briddes* o þe best In blossoms so briht.
þe *briddes* in blossoms þei beeren wel londe.

b) innerhalb desselben Verses:

v. 62: Euery *day* bi *day* (Clumpha p. 30); v. 243:
þat *doþ* me derfliche be ded and *don* out of dawen (K.
Ip. p. CXVIII und p. CXX).

I. B. Alliterierende Bindungen, in denen ein oder
mehrere Eigennamen vorkommen:

a) Personennamen:

v. 279: To *Danyel*, þe prophete, of *dedes* so *dere*; v. 362:
In þe *days* of *Danyel*; v. 15: He was *Elches* dowꝫtur, eldest
and *eyre*; v. 184: þat was of *Jacobus* kynde, *gentil* of dedes;
v. 2: þat was a *Jeuꝫ* *ientil*, and *Joachim* he hiht; v. 28:
þer *Jewns* with *Joachim*; v. 183: þo seide þe *justises* on
bench to *Joachim*, þe *Jewe*; v. 59: þei canꝫt for heor cone-
tyse þe cursing of *Kai*; v. 19: þe *maundement* of *Moyses*
þei *marked* to þat *may*; v. 66: In þe *seson* of *somere* with
Sibell; v. 14: hiꝫt *Susan*, was *sotil* and *sage*; v. 44: And
whon þei *seiꝫ Susan*, *semelich* of hewe; v. 50: *Semelyche*
Suson; v. 64: Whiles þei mihte *Susan* assay; v. 144: þen
Susan was *serwful* and *seide*; v. 172: *Sykeden* for *Susan*,
so *semeliche* of hewe; v. 185: Let *senden* aftur *Susan*, so
semelich of hewe; v. 196: Nou is *Susan* in *sale*, *sengeliche*
arayed; v. 216: þe *semblaunt* of *Susan* wolde non *suppose*;
v. 261: þen *Susan* þe *serwfol* *seide*; v. 313: þou *seidest*,
þou *seꝫe Susanne* *sinned* in þi *siht*; v. 337: *Semeli Susan*
þou *se*.

b) Ortsnamen.

v. 1: þer was in *Babiloine* a *bern*, in þat *borw* riche; v.
307: þou hast in *Babiloygne* on *benche* *brewed* muche *bale*;
v. 311: Ffor þeos in *Babiloygne* han *bene*.

II. A. Wörter desselben Stammes sind durch
Alliteration gebunden.

v. 319: *brond*, *brennynde* so briꝫt; v. 350: Wiþ a *bren-*
nynge bronde (Reg. p. 178; Lindn. p. 206); v. 174 f.:
þei *dede* hire in a dungon, þer neuer day dewe, While domus

men were dempt, þis *dede* to clare; v. 338: *Do* þat derne
dede (Lindn. p. 207; Lüdt. p. 687; K. T. p. XLII; K.
Am. p. LXVII; Fuhrm. p. 12; Tor. p. VIII; K. of T. p. 10; K.
Ip. p. CXXI; K. Merl. p.XLIII; Clumpha p. 9; Kal. p. XLIX);
v. 280: Such ʒiftes he him ʒaf (Lindn. p. 207; K. T. p.
XLII; K. Ip. p. CXXII; K. Merl. p. XLIV; Fuhrm. p. 18;
Clumpha p. 9; M. A. v. 1503; 2629); v. 6: *heiʒ* uppon *heiht*;
v. 27: þat *neiʒed* wel *nere*; v. 318: An angel wiþ a naked
swerd þe *neiʒes* wel *nere*, (Fuhrm. p. 14; K. Merl.
p. XLIV; Kal. p. XLIX); v. 266: þi *names* to *nempne*
(Fuhrm. p. 14; Clumpha p. 10;)); v. 34: *sawes* gan *say*;
v. 240: heo *seide* in hir *sawen*; v. 287: þese *sawus*, þat þou
seis; (Reg. p. 182; K. of T. p. 10; K. Ip. p. CXXII;
Clumpha p. 10); v. 85: þus schene briddus in *schawe*
schewen heore schroude. v. 144 ff.: þan Susan was *serwful*
and seide in hire þouʒt: „J am with *serwe* biset; v. 313:
þou *seʒe* Susanne sinned in þi *siht* (Reg. p. 183; Lindn. p.
208; K. T. p. XLII; K. Ip. p. CXXII; K. of T. p. 11; Tor.
p. VIII; Fuhrm. p. 15; Kal. p. XLIX; Clumpha p. 10); v.
187: Heo was in *trouþe*, as we *trowe*, tristi and *trewe*
(Fuhrm. p. 16; K. Ip. p. CXXIII; Nic. v. 144; Kal. p. XLIX;
Clumpha p. 10); v. 213: *Wylyliche* heo *wyled* hir wenches
away.

II. B. Stabreimende Bindung solcher Worte,
welche in begrifflichem oder grammatischem Verhältnis zu einander stehen.

a) Bindung konkreter Begriffe, welche innerhalb derselben Lebensgebiete neben einander vor-
zukommen pflegen.

v. 94: *A*pples and *a*lmaundus v. 77 f.: Bliþest *b*riddes o þe
best In *b*lossoms so briht; v. 79: þe *b*riddes in *b*lossoms; v.
97: þe *b*ritouns, þe *b*launderers; v. 93: þe *c*hirie and þe
*c*hestein; v. 105: þe *c*hyue and þe *c*hollet, þe *c*hibolle, þe
*c*heue; v. 106: þe *c*houwet, þe *c*heuerol; v. 111: Columbyne
nad *c*haruwe (wohl caraway, wie C und I lesen); v. 158:
Heo hedde cast of hir calle and hir *k*euercheue; v. 170:

Hir *k*inrede, hir *c*osyns; v. 238: At *k*ynred and *c*osyn; v.
v 8: of *e*rbus and of *e*rberi; 89: þe *d*ate wiþ þe *d*amesene;
v. 114: *D*aysye and *d*itoyne; v. 43: To fonge *f*lourus and
*f*ruit; v. 98: Ffele *f*lourus and *f*ruit; v. 86: On *ff*irres
and *f*ygers; v. 92: þe *f*yge and þe *f*ilbert; v. 257: þei
toke þe *ff*eteres of hire *f*eete (Fuhrm. p. 19); v. 95: *G*ra-
pus and *g*arnettes; v. 6: *H*alles and *h*erbergages; v. 200:
Homliche on hir *h*eued heor *h*ondus þey leyed (Reg. p.
188; Fuhrm. p. 20; K. Merl. p. XLV); v. 68: þer *l*yndes
and *l*orers; v. 109: þe *l*ilye, þe *l*ouache; v. 136: undur þis
*l*orere ben ur *l*emmone; v. 161: þo seide þe *l*oselle aloude
to þe *l*adi; v. 263: þou *m*aker of *m*iddelert; v. 34: *P*reostes and *p*residens; v. 70: þe *p*alme and þe *p*oplere, þe *p*irie,
þe *p*lone; v. 82: On *p*eren and *p*ynappel; v. 107: þe *p*ersel,
þe *p*assenep, þe *p*oretes; v. 108: þe *p*yon, þe *p*eere; v. 116:
*P*eletre and *p*launtoyne; v. 302: Bifore þis ʒonge *p*rophete
þis *p*reost gan apere; v. 72: þe *r*ose ragged on *r*ys (Kal. p.
L); v. 112: With *r*uwe and *r*ubarbe; v. 69: þe *s*auyne and
*s*ypres; v. 110: þe *s*auge, þe *s*orsecle; v. 254: bi *s*e nor bi
sande (Lüdt. v. 908; K. Ip. p. CXXIV); v. 264: þe *s*onne
and þe *s*ee (Clumpha p. 13; Gregorius, Herrig's Archiv, Bd. 57
v. 257); v. 221: Wiþ *t*onge and wiþ *t*oþ; v. 99: With *w*ardons
winlich and *w*alshe notes newe; v. 102: þe *w*ince and þe
*w*ederlyng.

b) Bindung abstrakter Begriffe, welche in gemeinsamen Lebenssphären zu einander in Beziehung
zu stehen pflegen.
1. Substantiva.
v. 278: He directed þis *d*om and þis delful *d*ede; v. 292:
Me þiukeþ ʒor *d*edes unduwe, such *d*omus to dele; v. 190:
Nouþur *d*om ne *d*eþ; v. 344: Ffor *f*ulþe of þi *f*alshed; v.
241: Grete *g*od of his *g*race; v. 276: Grete *g*od of his *g*race
(M. A. v. 4297; Kal. p. L; Clumpha p. 14); v. 41: Al for
*g*entrise and *j*oye of þat *J*uwesse; v. 18: þei lerned hire
*l*ettrure of þat *l*angage; v. 177: whiles þe *m*orwen to
*m*iddai; v. 210: Of *p*reiere and of *p*enaunce was ure pur-

pose; v. 294: I schal be *proces* apert *dis*proue þis *a*pele;
v. 66: In þe *s*eson of *s*omere (Fuhrm. p. 73); v. 149: Such
*t*oret and *t*eone; v. 251: Neiþer in *w*ord ne in *w*erk
(Clumpha p. 13).

2. Adjektiva.

v. 226: He was *b*orlich and *b*igge, *b*old as a bare. (K.
Ip. p. CXXV); v. 17: *f*relich and *f*eire (Fuhrm. p. 27; K. Ip.
p. CXXV; K. Merl. p. XLV; K. T. p. XLIII; K. of T. p. 11);
v. 16: *L*ouelich and *l*iliewhit; v. 29: he was *r*eal and *r*iche of
rentes (K. of T. v. 551; Kal. p. LI); v. 194: Hire scholdres
*sch*aply and *sch*ire; v. 187: *t*risti and *t*rewe.

3. Verba.

v. 189: þei *b*rouȝt hire to þe barre, hir bales to *b*rewe;
v. 46: þei wolde en*ch*aunte þat child, hou schold heo es*ch*ewe;
v. 214: coma*u*nded hem kenely, þe ȝates to *c*lose; v. 249:
Carped to him *k*yndeli, as heo ful wel couþe; v. 252: Heo *k*euered
upon hir kneos and cussed his hand; v. 236: *d*o hir be with-
*d*rawen; v. 267: deolfolich *d*ampned and to deþ *d*iht; v.
120: Nou folk be *f*aren from us, þar us not be *f*erde;
v. 248: Heo *f*el doun flat in þe flore, hir feerus whon heo *f*ond;
v. 84: þei *g*laden and *g*lees; v. 354: *g*laden and *g*lees;
v. 162: þou hast *g*on wiþ a gome, þi god to *g*reue; v. 31:
*h*ende, ȝe mai *h*ere; v. 133: Fforte *h*eilse þat hende þei
*h*iȝed; v. 262: *H*eef hir hondus on hiȝ, bi*h*eld heo to *h*euene; v.
229: And he *l*ift up þe lach and *l*eop ouer þe lake; v. 237:
Louelich heo *l*outed and *l*acched hir leue; v. 353: And *l*owed
þat loueli lord, þat hire þe lyf *l*ent; v. 176: *M*arred in
manicles, þat *m*ade were newe; v. 81: þe popeiayes *p*erken
and *p*ruynen; v. 202: We schul *p*resenten þis pleint, hou þou
euer be *p*aied; v. 209: we *p*assed us to *p*lay; v. 103: Spyces
*sp*eden to *sp*ryng; v. 45: þei weor so *s*ett uppon hire, miȝt
þei not *s*ese; v. 203: And *s*ei sadliche þe soþ, riȝt as we
have *s*ene (K. Merl. p. XLV); v. 222: Whon we þat semblaunt
*s*eiȝ, we *s*iked wel sore (Clumpha p. 16): v. 313: þou seidest,
þou *s*eȝe Susanne *s*inned; v. 300: þei diseuered hem sone
and *s*ette hem sere; v. 285: þe *st*oteyd and *st*ode; v. 236:

þei *t*rompe bifore þi*s* traiturs and *t*raylen hem on tres; v.
171: *W*rong handes, iwis, and *w*epten wel sore (Clumpha
p. 17); v. 137: ȝe ne þarf *w*onde for no wiȝt, ur willes to *w*erne.

4. Verb und Substantivum.

v. 346: þis *d*ai, ar we *d*ine; v. 164: Bi þe lord and þe
*l*awe, þat we onne *l*eeue; v. 148: J *n*ikke hem with *n*ai
(Fuhrm. p. 51); v. 146: ȝif J a*s*sent to þi*s s*in, þat þi*s s*egges
haue souȝt; v. 203: þe *s*oþ, riȝt as we haue *s*ene.

c) Bindung abstrakter Begriffe mit konkreten.
v. 189: þei brouȝt hire to þe *b*arre, hir *b*ales to brewe;
v. 307: on *b*enche brewed muche *b*ale; v. 329: To fore þe
*f*olk and þe *f*aunt; v. 125: Undur a lorere ful *l*owe þat *l*adi
gan leende; v. 135: Wolt þou, *l*adi, for *l*oue on ure lay lerne
(K. Ip. p. CXXVII; Lindn. p. 214); v. 56: *t*eching, þat teeld
is on *t*rone; v. 164: Bi þe *l*ord and þe *l*awe; v. 333: þi *w*it
for a *w*yf.

d) Bindung gleichlaufender Worte, welche die
innere begriffliche Ähnlichkeit mit einander ver-
bindet.

1. Substantiva.
v. 41: *g*entrise and *j*oye; v. 210: Of *p*reiere and of *p*enaunce;
v. 149: *t*oret and *t*eone.

2) Adjektiva.
v. 226: *b*orlich and *b*igge, *b*old as a bare (K. Ip. p. CXXV);
v. 17: *f*relich and *f*eire (K. T. p. XLIII; K. Ip. p. CXXVII;
K. of T. p. 11; M. A. v. 970); v. 29: *r*eal and *r*iche of rentes (Kal.
p. LI); v. 14: *s*otil and *s*age; v. 194: *sc*haply and *sc*hire; v.
187: *t*risti and *t*rewe (K. Ip. p. CXXVIII; K. Merl. p. XLVI;
K. of T. p. 11).

3. Verba.
v. 84: þei *gl*aden and *gl*ees; v. 354: *gl*aden and *gl*ees; v.
147: J schal be *br*etenet and *br*ent (Fuhrm. p. 77; M. A. v.
3521); v. 81: *p*erken and *p*ruynen; v. 285: And alle þe
*st*oteyd and *st*ode.

d) Bindung von Worten, welche begriffliche
Gegensätze ausdrücken.

v. 241: Grete god of his *g*race ʒor *g*ultus forʒiue; v. 276: Grete god of his *g*race, of *g*ultes ungnede; v. 254: bi *se* nor bi *s*ande (Lüdt. v. 408); v. 54: þo þouʒte þe *w*recches to bewile þat *w*orli in wone.

C) Alliterierende Bindung von grammatisch zu einander in Beziehung stehenden Worten.

a) Substantiv und Adjektiv (resp. Particip) in attributiver oder prädikativer Stellung.

v. 77: *B*liþest *b*riddes (Clumpha p. 21); v. 78: In *b*lossoms so *b*riht; v. 226: *b*old as a *b*are (Lindn. p. IX); v. 319: *b*rond, *b*rennynde; v. 350: *b*rennynge *b*ronde (Fuhrm. p. 37; Kal. p. LII); v. 47: *c*herlus un*c*haste; v. 93: *c*hestein, þat *c*hosen is; v. 153: careful *c*ri (K. Ip. p. CXXIX; Breul p. 32); v. 224: *c*opus were *c*umberous; v. 306: Nou schal þi conscience be *k*nowen, þat euer was un*c*lere; v. 330: *c*orsed *c*aytif; v. 345: *c*ursed *c*umpere; v. 5: *d*ep *d*ich (Reg. p. 218; Fuhrm. p. 37; K. Merl. p. XLVII; Clumpha p. 19); v. 40: *d*redful *d*emers; v. 175: *d*omus meu were *d*empt; v. 235: with *d*eol þauʒ hir *d*eue; v. 278: *d*elful *d*ede; v. 338: *d*erne *d*ede; v. 279: *d*edes so *d*ere; v. 292: *d*edes un*d*uwe; v. 326: Nou is þis *d*omusmon with*d*rawen; v. 17: Of alle *f*ason of *f*oode *f*relich and *f*eire (K. of. T. p. 11; Kal. p. LII); v. 92: þe *f*yge and þe *f*ilbert were *f*ode med; v. 98: *F*fele *f*lourus and *f*ruit *f*relich; v. 129: *f*eole *f*erlys; v. 179: *f*ader so *f*re; v. 290: *f*oles wel *f*ele; v. 329: þe *f*aunt *f*reli of face; v. 241: Grete *g*od; v. 276: *G*rete *g*od of his grace, of *g*ultes ungnede (Fuhrm. p. 39; K. Ip. p. CXXX; Clumpha p. 20); v. 293: *g*omes un*g*reiþ; v. 6: *H*alles and *h*erbergages *h*eiʒ (Fuhrm. p. 39; K. Ip. p. 20); v. 58: Heor *h*or *h*euedus (Clumpha p. 20); v. 188: Hir *h*erte *h*olliche; v. 2: *I*euʒ *i*entil; v. 71: þe *j*unipere *i*entil, *j*onyng bi twene; v. 68: þer *l*yndes and *l*orers were *l*ent; v. 109: þe *l*ilye, þe *l*ouache, *l*aunsyng; v. 132: þat *l*adi was *l*aft al hir one; v. 154: þis *l*oueliche *l*adi; v. 275: þat *l*adi, *l*ouesum of lere (Clumpha p. 20); v. 291: such *l*awes ben *l*eiþ; v. 353: *l*oueli *l*ord; v. 176: *m*anicles, þat *m*ade were newe; v. 227: More *m*iʒti *m*on (Fuhrm. p. 41;

K. Merl. p. XLVII; Clumpha p. 21); v. 288: þese *m*aisterful
*m*en (Clumpha p. 21); v. 33: *P*reostes and *p*residens *p*reised;
v. 53: þeos *p*erlous *p*restes; v. 160: þis *p*restes wel *p*rest; v.
75: *p*opeiayes *p*rest; v. 108: þe *p*yon, þe *p*eere, wel proudliche
i*p*iht; v. 159: a *p*riue *p*osterne; v. 294: *p*roces a*p*ert; v. 72: þe
*r*ose *r*agged on *r*ys, *r*ichest on *r*one; v. 112: þe *r*uwe, þe *r*ubarbe *r*agged ariht; v. 198: þe *r*enkes *r*eneyed (M. A. v. 3893);
v. 212: In *r*iche *r*obus arayed (Fuhrm. p. 73; K. of. T. p. 11;
Zielke p. 21; Clumpha p. 21); v. 212: *r*ed as þe *r*ose (Clumpha
p. 21; Kal. p. LII); v. 110: þe *s*orsecle, so *s*emeliche; v.
194: Hire *s*choldres *s*chaply and *s*chire; v. 197: with *s*choldres
wel *s*chene; v. 254: more *s*erwful *s*egge; v. 255: a *s*oriore *s*iht;
v. 309: Nou schal ʒour *s*ynnes be *s*ene; v. 56: his *t*eching,
þat *t*eeld is on trone; v. 55: Heore *w*ittes wel *w*aiwordus;
v. 99: *w*ardons *w*inlich; v. 127: a *w*ynliche *w*elle; v. 124:
þe *w*yf werp of hir wedes un*w*erde; v. 151: þis *w*orld *w*yde
(K. Ip. p. CXXXI).

b) Zeitwort oder Adjektivum binden sich mit
dem Adverbium oder Substantivum, welche ihre ad-
verbiale Nebenbestimmung enthalten.

v. 147: in *b*aret to *b*yde; v. 189: þei *b*rouʒt hire to þe
*b*arre (Nic. v. 59; 113; 181; 265; 589); v. 195: þat *b*ure-
liche was *b*are; v. 232: *b*ouwed aftur for *b*lame; v. 307:
on *b*enche *b*rewed; v. 319: *b*rennynde so *b*riʒt (Kal. p. LIII;
Clumpha p. 23); v. 47: þis cherlus unchaste in *c*haumbre
hir *c*hese Wiþ *c*here; v. 59: þei *c*auʒt for heor *c*ouetyse; v.
83: On *c*roppus of canel *k*eneliche þei *c*roude; v. 96: comeliche in *c*uþþes þei *c*ayre; v. 157: *c*omen til her *c*ri (K. Am. p.
LXIX; K. Ip. p. CXXXIII; K. Merl. p. LXIX); v. 214: And
comaunded hem *k*enely; v. 249: *C*arped to him *k*yndeli;
v. 252: Heo *k*euered up on hir *k*neos (M. A. v. 956; 2195;
4275); v. 32: þat *d*redde were þat *d*ay; v. 190: þat *d*ay
heo ne *d*redes; v. 40: on *d*aies þider *d*rewe; v. 131: *d*rawen
in *d*erne; v. 174: þei *d*ede hire in a *d*ungon; v. 235: *d*ampned on *d*eis; v. 242: þat *d*oþ me *d*erfliche be *d*ed and *d*on
out of *d*awen (K. Merl. p. XLVIII; M. A. v. 2056); v. 246:

And siþen to deþ me be diht; v. 267: to deþ diht (K. T. p.
XLIV; Fuhrm. p. 45); v. 267: I am deolfolich dampned;
v. 274: þei dresse hire to deþ wiþ outen eny drede; v. 305:
þou dotest nou on þin olde tos in þe dismale; v. 325:
Unduweliche on dese; v. 326; withdrawen with outen eni
drede; v. 346: ȝe schul be drawen to þe deþ þis dai ar
we dine; v. 17: Of alle fason of foode frelich and feire
(K. Ip. p. CXXXIII; Kal. p. LIII); v. 86: On firres and
figgers þei fongen heore seetes; v. 92: fode med so fayre;
v. 98: frelich of flayre; v. 182: ful of ffalshede; v. 193:
fyned wiþ fyre; v. 248: Heo fel doun flat in þe flore (K.
Ip. p. CXXXIII); v. 329: freli of face; v. 42: To go in his
gardeyn; v. 118: ȝede in hire ȝerde; v. 138: of gardin are
gone; v. 42: þat gayliche grewe; v. 95: gailiche þei grewe;
v. 67: Heo greiþed hire til hire gardin, þat growed so grene;
v. 88: growyng so grene (Fuhrm. p. 47); v. 84: On grapes
þe goldfinch, þei gladen and glees; v. 162: þou hast gon wiþ a
gome; 228: To þe ȝate ȝaply þei ȝeoden wel ȝare (Fuhrm.
p. 12); v. 276: of gultes ungnede; v. 280: god him ȝaf in
his ȝouþehede; v. 6: heiȝ uppon heiht; v. 31: Iwis, þer
haunted til her hous; v. 58: fro heuene þei hid; v. 101: Ouer
heor hedes gon hyng; v. 119: holden with hende; v. 188:
holliche on him; v. 262: Heef hir hondus on hiȝ, biheld
heo to heuene (K. Merl. p. L; M. A. v. 4157); v. 268:
herteliche tak hede and herkne; v. 277: Help with þe
holi gost and herde hir preyere; v. 3: lele in his lawe
(M. A. v. 14); v. 68: lent upon lone; v. 109: launsyng wiþ
leue; v. 125: ful lowe þat ladi gan leende; v. 163: And ligge
with þi lemon; v. 229: leop ouer þe lake; v. 237: Loueliche
heo louted; v. 343: þou liest loude; v. 358: Hose leeueþ on þat
lord; v. 176: Marred in manicles; v. 263: þat most art of miht;
v. 315: þat most is of miht (Lindn. p. IX; K. Ip. p. CXXXV);
v. 27: þat neiȝed wel nere; v. 318: þe neiȝes wel nere (Clumpha
p. 24); v. 148: I nikke hem with nai (K. Am. Anmerk. zu
v. 2188; Fuhrm. p. 51); v. 28: priveliche gon playe; v. 81:
perken and pruynen for proude; v. 108: proudliche ipiht

(M. A. v. 1287); v. 117: *Proudest* in *pres* (K. T. p. XLV);
v. 159: In at a *priue posterne* þei *passen*; v. 209; þorw
out þe *pomeri* we *passed*; v. 210: Of *preiere* and of *penaunce* was vre *purpose*; v. 294: be *proces apert disproue*;
v. 302: Bifore þis ʒonge *prophete* þis *preost* gon *apere*;
v. 342: þei *pleied* bi a *prine*; v. 355: *pertli proues*; v. 4:
Of alle *riche*, þat renke *arayes*, he was *riht*; v. 29: *riche*
of *rentes*; v. 72: *ragged* on *rys*, richest on *rone*; v. 112:
ragged ariht; v. 198: þo *ros* up with *rancour*; v. 212: In
riche robus arayed (Clumpha p. 24; M. A. v. 1291; 1361;
Breul p. 32) *red* as þe *rose*; v. 341: *ruydely rored* (Fuhrm.
p. 52; M. A. v. 2796); v. 13: *Soþely* to *say*; v. 57: *soþli* to
say (Lindn. p. 223; K. T. p. XLV; K. Merl. p. XLIX; K. Ip.
p. CXXXIII; Fuhrm. p. 52; Clumpha p. 52); v. 69: *selcouþ*
to *sene*; v. 85: in *schawe schewen*; v. 110: so *semeliche* to
siht; (Fuhrm. p. 53); v. 122: *Aspieþ* nou *specialy*; v. 145:
I am with *serwe biset* on eueriche *syde*; v. 146: I *assent*
to þis *sin*; v. 167: *stelen* awey in a *stont*; v. 172: *Sykeden*
for *Susan*; v. 222: we *siked* wel *sore* (K. of T. p. 11;
K. Ip. p. CXXXVII; Kal. p. LIV; Clumpha p. 25); v. 185:
Let *senden* aftur *Susan*; v. 203: *sei sadliche*; v. 231: Heo
ne *schunte* for no *schame* (M. A. v. 3716); v. 240: I am *sakeles*
of *syn* (M. A. v. 3993), heo *seide* in hir *sawen*; v. 264: þou
sette uppon *seuene* (M. A. v. 1231); v. 300: þei *diseuered* him
sone and *sette* hem *sere*; v. 313: *Susanne sinned* in þi *siht*;
v. 316: Undur a *cine soþli* my *seluen* I hir *se*; v. 56: And
turned fro his *teching*, þat *teeld* is in *trone*; v. 73: Iþeuwed
with þe *þorn*; v. 90: *troned* on *trene*; v. 141: *telle trewely*;
v. 314: *Tel* nou me *trewly*; v. 340: *Tel* hit me *treweli* (K.
Ip. p. CXXXVII; Fuhrm. p. 54; Clumpha p. 25); v. 149: *takeþ*
me þis *tyde*; v. 187; Heo was in *trouþe*, as we *trowe*, *tristi*
and *trewe*; v. 356; þei *trompe* bifore þe *traiturs* and *traylen*
hem on *tres*; v. 26: þat *wlonkest* in *weede*; v. 186: *wlankest*
in *wedes*; v. 54: þat *worly* in *wone*; v. 134: þat *worliche*
in *wone* (Lüdt. v. 1134); v. 55: þei *wrethen awai*; v. 99/100:
With *wardons winlich* and *walshe* notes newe þey *waled*;

v. 121: *w*arliche ʒe *w*eende; v. 123: we wil *w*assche us, i*w*is, bi þis *w*elle strende; v. 134: With *w*ordus þei *w*orshipe; v. 137: ʒe ne þarf *w*onde for no *w*iʒt; v. 151: *w*emles *w*eende of þis *w*orld *w*yde; v. 173: All on*w*yse of þat *w*yf *w*ondred þei *w*ore; v. 186: þat þou hast *w*edded to *w*if (Lüdt. v. 1213: K. Ip. p. CXXXVIII; Lindn p. 225; Fuhrm. p. 66; Clumpha p. 22); v. 201: And heo *w*epte for *w*o (Lüdt. v. 833); v. 213: *W*ylyliche heo *w*yled hir wenches a*w*ay; v. 219: Heo *w*yled hir wenches a*w*ay (M. A. v. 3109); v. 250: I*w*is, I *w*raþþed þe neuere at my *w*itand; v. 272: þou *w*ost *w*el (K. Ip. p. CXXXVII; Fuhrm. p. 56; Nic. v. 281; Clumpha p. 25); v. 333: Of þi *w*it for a *w*yf bi*w*iled þou *w*ase (Fuhrm. p. 43).

c) Substantiv und Zeitwort sind im Verhältnis von Subjekt und Prädikat mit einander verbunden. v. 328: þe *b*aru *b*ede; v. 47: þis *ch*erlus un*ch*aste in chaumbre hir *ch*ese; v. 224: Ur *c*opus weere *c*umberous and *c*undelet us care; v. 40: þis *d*redful *d*emers on daies þider *d*rewe; v. 174: þer neuer *d*ay *d*ewe; v. 236: hir *d*omusmen un*d*uwe *d*o hir be with*d*rawen; v. 129: feole *f*erlys hire bi*f*elle; v. 361; þis *f*erlys bi*f*el (Fuhrm. p. 59); v. 138: alle *g*omus, þat scholde greue, of gardin ar *g*one; v. 241: Grete *g*od of his grace ʒor gultus forʒife; v. 354: Alle þe *g*omus, þat hire god wolde, *g*laden and *g*lees; v. 125: þat *l*adi gan *l*eende; v. 288: þus þese maisterful men *m*ouþes can *m*ele; v. 53: þeos *p*erlous *p*restes *p*erceyued hire play; v. 206: þe *p*reostes *p*resenten þe playnt; v. 302: þis *p*reost gan a*p*ere; v. 355: þys *p*rophete so pertli *p*roues his entent; v. 81: þe *p*opeiayes *p*erken and *p*ruynen; v. 4: Of alle riche, þat *r*enke a*r*ayes; v. 198: þo *r*os up with rancour þe *r*enkes *r*eneyed; v. 103: *S*pyces *s*peden to *s*pryng; v. 149: Such *t*oret and *t*eone *t*akeþ me; v. 90: *T*urtils *t*roned on trene; v. 207: ʒit schal *t*rouþe hem a*t*aynt; v. 124: þe *w*yf *w*erp of hir wedes; v. 297: now *w*akneþ heor *w*o (K. Am. p. LV).

Hieran fügt sich noch ein Fall, wo zwar nicht das Substantiv, aber das dazu gehörige Adjektivum mit dem Verbum alliteriert;

v. 85: *sche*ne briddus in schawe *sche*wen heore schroude.

d) Zeitwort und Substantiv treten als Prädikat
und Objekt in allitorierende Bindung.

v. 189: hir *b*ales to *b*rewe; v. 307: þou hast .... *b*rewed
muche *b*ale (K. Ip. p. 380 unten); v. 319: He haþ *b*randist
his *b*rond; v. 46: þei wolde en*ch*aunte þat *ch*ild; v. 59: þei
cauȝt for heor couetyse þe *c*ursing of Kai (M. A. v. 1311);
v. 128: Susan *c*aste of hir *k*elle; v. 158: Heo hedde *c*ast of
hir *c*alle and hire *k*euercheue; v. 153: þo *c*ast heo a *c*areful
*c*ri (Fuhrm. p. 75); v. 199: þis *c*omelich *acc*used; v. 224:
Ur *c*opus .... *c*undelet us *c*are (K. Ip. p. CXL); v. 190:
Nouþur *d*om ne *d*eþ þat day heo ne *d*redes (Clumpha p. 27);
v. 292: such *d*omus to *d*ele (Fuhrm. p. 62); v. 338: *D*o þat derne
*d*ede (M. A. v. 4009; Nic. v. 64; 208); v. 248: hir *f*eerus
whon heo *f*ond; v. 286: þis *f*erlys to *f*rayne; v. 162: þi
*g*od to *g*reue; v. 241: ȝor *g*ultus foȝiue (Fuhrm. p. 63; K.
Ip. p. CXLI; Clumpha p. 28); v. 280: Such ȝiftes god him ȝaf
(Lindn. p. 207; K. T. p. XLII; K. Ip. CXXII; K. Merl. p.
XLIV; Fuhrm. p. 12; Clumpha p. 9; M. A. v. 1503; 2629);
v. 58: Heor hor *h*euedus fro heuene þei *h*id; v. 133: Fforte
*h*eilse þat *h*ende; v. 262: *H*eef hir *h*ondus on hiȝ (M. A.
4157); v. 18: þei *l*erned hire *l*ettrure; v. 23: þei *l*erned
hire þe *l*awe; v. 237: *l*acched hire *l*eue (Fuhrm. p. 64); v.
275: And *l*ede forþ þat *l*adi (K. Ip. p. CXXXIV; Tor. p. X);
v. 353: And *l*owed þat *l*oueli *l*ord, þat hire þe *l*yf *l*ent
(Fuhrm. p. 64); v. 19: þe *m*aundement of Moises þei *m*arked;
v. 320: To *m*arke þi *m*iddel (M. A. v. 2206, 4168); v. 140:
ȝif þou þis *n*eodes de*n*y; v. 266: þi *n*ames to *n*empne (Fuhrm.
p. 14, Nic. v. 24); v. 160: her *p*oyntes to *p*reue; v. 202:
We schul *p*resenten þis *p*leint; v. 206: þe preostes *p*re-
sented þis *p*laynt; v. 294: I schal .... dis*p*roue þis a*p*ele;
v. 44: þei seiȝ *S*usan; v. 85: briddus .... *sch*ewen heore
*sch*roude; v. 203: And *s*ei sadliche þe *s*oþ (Reg. p. 242; Lindn.
p. 225; K. T. p. XLII; Lüdt. p. 158; Fuhrm. p. 52; Clumpha
p. 29; M. A. v. 2592; Nic. v. 500); v. 216: þe *s*emblaunt of
Susan wolde non *s*uppose; v. 222: Whon we þat *s*emblaunt

seiȝ; v. 264: Boþe þe *s*onne and þe *s*ee þou *s*ette; v. 225: we *t*rinet a *t*rot, þat *t*raytur *t*ake; v. 55: Heore *w*ittes wel, waiwordus þei *w*rethen awai; v. 65: To *w*orchen hire *w*o (K. T. p. XLVI; K. Am. p. LXX; Clumpha p. 30; M. A. v. 4025); v. 124: þe wyf *w*erp of hir *w*edes (M. A. v. 901); v. 150: Are I þat *w*orthliche *w*reche þat al þis *w*orld *w*rouȝt (Fuhrm. p. 66; K. of T. p. 11; Clumpha p. 30; Kal. p. LVI); v. 213: heo *w*yled hir *w*enches away; v. 219: Heo *w*yled hir *w*enches away; v. 265: Alle my *w*erkes þou *w*ost.

Als letzte Gruppen führe ich dann noch eine Reihe von Versen an, die sich in keiner der obigen Klassen unterbringen lassen, bei denen aber doch Alliteration beabsichtigt ist, und füge ähnliche Fälle, auch wenn sie früher schon notiert waren, bei.

Es werden gern Schwurformeln oder sonstige Füllphrasen mit anderen Worten des Verses gebunden.

v. 307 : 308: þou hast in *B*abiloygne on *b*enche *b*rewed muche *b*ale Wel *b*olde; v. 242 : 243: þat *d*oþ me *d*erfliche be *d*ed and *d*one out of *d*awen Wiþ *d*ere; v. 43: To *f*onge *f*lourus and *f*ruit þouȝt þei no *f*rese; v. 86 : 87: On *ff*irres and *f*ygers þei *f*ongen heore seetes In *ff*ay (K. Ip. p. CXLIII); v. 289: þei be *f*endus, al þe *f*raþe, I sei hit in *f*eiþ (K. Ip. p. CXLIII; M. A. v. 2163; 2805); v. 317: Nou þou lyest in þin *h*ed, bi *h*euen uppon *h*iht; v. 343: Nou þou *l*iest *l*oude, so helpe me ur *l*ord; v. 203 : 204: And *s*ei *s*adliche þe *s*oþ, riȝt as we haue *s*ene O *s*ake; v. 216 : 217 : þe *s*emblaunt of *S*usan wolde non *s*uppose Ffor *s*oþ (K. Merl. p. LI); v. 187: Heo was in *t*rouþe, as we *t*rowe, *t*risti and *t*rewe; v. 201: And heo *w*epte for *w*o, no *w*onder, I *w*ene (K. Ip. p. CXLIV); v. 333 : 334: Of þi *w*it for a *w*yf bi*w*iled þon *w*ase In *w*ede; v. 340: *T*el hit me *t*reweli, ar þou þi *l*yf *t*yne.

b) Vokative reimen gern mit anderen Worten im Verse.

v. 330: *C*um forþ, þau corsed *c*aytif, þou *C*anaan, he sede; v. 339: þou *g*ome of *g*ret elde, þin hed is *g*rei hored; v. 31: *h*ende, ȝe mai *h*ere (K. Am. p. LXIX); v. 135: Wolt þou, *l*adi, for *l*oue on ure *l*ay *l*erne; v. 291: Umbi*l*oke ʒou, *l*ordes, such *l*awes ben *l*eiþ; v. 287: What *s*ignefyes, gode*s*one, þese *s*awus, þat þou *s*eis.

c) Endlich wird auch das Verbum „sagen" mit Vorliebe als Reimwort benutzt.

v. 13: *S*oþely to *s*ay; v. 34: Of whom ur *s*ouerein lord *s*awes gan *s*ay; v. 57: Ffor *s*iht of here *s*ouerayn, soþli to *s*ay; v. 91: By *s*ixti, I *s*ayʒ; v. 144: þen *S*usan was *s*erwful and *s*eide in hire þouʒt; v. 203: And *s*ei *s*adliche þe *s*oþ, riʒt as we haue *s*ene; v. 240: „I am *s*akeles of *s*yn", heo *s*eide in hir *s*awen; v. 261: þen *S*usan, þe *s*erwfol, *s*eide uppon hiʒt; v. 287: What *s*ignefyes, gode*s*one, þese *s*awus, þat þou *s*eis; v. 313: þou *s*eidest, þou *s*eʒe *S*usanne *s*inned in þi *s*iht.

Inhalt und Quelle.

Es konnte von vornherein nicht zweifelhaft sein, wo die Quelle zu dem vorliegenden Texte zu suchen sei, es konnte nur die Bibel als Grundlage gedient haben, und zwar ist unser Stoff dort im Propheten Daniel, Cap. XIII, zu finden. Eine genauere Vergleichung ergiebt, dass der englische Dichter zwar nicht wörtlich übersetzt, aber doch gewissermassen Satz für Satz aus seiner Vorlage übertragen hat, indem er fast immer den Gedanken weiter ausspinnt, an manchen Stellen Hinzufügungen macht, selten etwas weglässt. Ich will auf den folgenden Seiten eine Darstellung des Verhältnisses des englischen Textes zu seiner Vorlage in der Weise bieten, dass ich den Inhalt des Gedichtes wiedergebe und dabei Hinzufügungen des Autors in (—), Weglassungen aber in [—] setze. Um aber nicht, was ja auch gar nicht angängig wäre, jede Erweiterung irgend eines Gedankens in dieser Weise andeuten zu müssen, will ich vorher im allgemeinen ein Bild von der ganzen Art und Weise des englischen Bearbeiters geben, indem ich von den Versen 131 — 156 die lateinische Quelle wörtlich anführe. Sie lautet v. 19—24: Cum autem egressę essent puellæ, surrexerunt duo senes, & accurrerunt ad eam, & dixerunt: Ecce ostia pomarij clausa sunt, & nemo nos videt, & nos in concupiscentia tui sumus: quamobrem assentire nobis, & commiscere nobiscum. quod si nolueris, dicemus contra te testimonium, quod fuerit tecum iuuenis, & ob hanc causam emiseris puellas a te. Ingemuit Susanna, & ait: Augustiæ sunt mihi undique: si enim hoc egero, mors mihi est: si autem non egero, non effugiam manus vestras. Sed melius est mihi absque opere incidere in manus vestras, quam peccare in conspectu Domini. Et exclamauit voce magna Susanna. Die entsprechenden Verse des englischen Gedichtes sind:

Nou were þis domusmen derf drawen in derne,
Whiles þei seo, þat ladi was laft al hir one.
Forte heilse þat hende, þei hiӡed ful ӡerne;
With wordus þei worshipe þat worliche in wone.

135. „Wolt þou, ladi, for loue on ure lay lerne,
„And undur þis lorere ben ur lemmone?
„ӡe ne þarf wonde for no wiӡt ur willes to werne,
„For alle gomus, þat scholde greue, of gardin are gone,
„In feere.

140. „ӡif þou þis neodes deny,
„We schal telle trewely,
„We toke þe wiþ avoutri
„Under þis lorere.“
þen Susan was serwful and seide in hire þouӡt:

145. „I am with serwe biset on eueriche syde.
„ӡif I assent to þis sin þat þis segges haue souӡt,
„I be bretenet and brent, in baret to byde,
„And ӡif I nikke hem with nai, hit helpeþ me nouӡt;
„Such toret and teone takeþ me þis tyde.

150. „Are I þat worthliche wreche, þat all þis world wrouӡt,
„Betere is wemles weende of þis world wyde
„Wiþ þis.“

þo cast heo a careful cri,
þis loueliche ladi.

155. Hir seruauns hedde selli,
No wonder, iwis.

Der Inhalt unserer Legende ist der folgende:
Es lebte zu Babylon ein Mann (ein vornehmer Jude),
Namens Joachim. (Er war treu in dem Gesetz. Sein Reichtum war gross, und seine Häuser und Gärten zeichneten sich
vor den umliegenden Besitzungen durch ihre Grösse aus.) Er
nahm eine Frau, mit Namen Susanna, eine Tochter Helkias,
hervorragend durch Schönheit und von ihren Eltern zur
Gottesfürchtigkeit nach dem Gesetz Mosis erzogen. Joachim
hatte in der Nähe seines Wohnhauses einen Obstgarten, wo,
da er reicher und angesehener war als die anderen, immer
die Juden zusammen kamen. Unter diesen waren auch zwei,
die als Richter bestellt waren, und von denen Gott sagte,
dass sie ungerechte Urteile über die Leute von Babylon
gefällt hätten. [In den Garten Joachims kamen auch alle,
welche jenen beiden Richtern eine Streitfrage vorlegen wollten.
Wenn diese weggegangen waren, kam Susanna in den Garten,
um sich zu ergehen.] Da sahen sie die Richter, und alsbald
entbrannten sie in Liebe zu ihr. Sie suchten dieselbe zu ver-
führen, wendeten ihre Augen vom Himmel ab und vergassen
ihres Richteramtes. Sie gingen alle Tage in den Garten, ob sie
nicht Susanna versuchen könnten. [Sie erröteten aber, einander ihre Begierden zu gestehen, und es sagte einer zum
andern: „Wir wollen nach Hause gehen, da es Zeit zum
Essen ist". Sogleich aber kehrte jeder wieder um, und sie
trafen im Garten zusammen. Auf die gegenseitige Frage
nach der Ursache, gestanden sie sich ihre Wünsche ein,
und von nun an warteten sie gemeinsam, ob sie nicht
Susanna allein finden möchten]. (Beschreibung des Gartens,
die im ganzen nur in einer Aufzählung von Zierbäumen,
Vögeln, Obstbäumen und niederen Pflanzen besteht). Eines
Tages nun ging Susanna [wie gewöhnlich] in den Garten,
um sich dort in der Quelle zu baden. Sie schickte ihre

Mädchen weg, damit sie ihr Öl und Salbe holten, und trug ihnen auf, auch die Thüren des Gartens zu schliessen. Die Mädchen thaten, wie ihnen befohlen war, (Susanna aber entkleidete sich). Nun kamen die beiden Richter, die bis dahin verborgen gewesen waren, hervor und bestürmten Susanna, ihren Willen zu thun. Es sei niemand da, der sie beobachten könne. Wenn sie aber ihren Wünschen nicht zustimmte, würden sie gegen sie aussagen, sie hätten sie in unerlaubtem Verkehr mit einem jungen Manne gefunden. Susanna überlegte, dass sie in jedem Falle verloren sei; stimmte sie nämlich den Wünschen jener zu, würde sie untergehen durch die Streitigkeiten beider, im andern Falle würde sie infolge der falschen Zeugnisse derselben zum Tode verurteilt werden. Aber sie wollte lieber vor Gott gerecht bleiben und rief durch einen Schrei ihre Diener herbei. [Jedoch auch die beiden Greise riefen, und einer lief, die Thüre zu öffnen.] Als die Diener kamen, erhoben sie ihre Stimme gegen Susanna und brachten die Anklage vor. Jene, nicht gewöhnt, solches von ihrer Herrin zu hören, erröteten und stahlen sich weg. (Verwandte und Angehörige weinten und wehklagten um Susanna, diese selbst wurde gefesselt und in ein Gefängnis geworfen.) [Als das Volk sich wieder in dem Garten Joachims versammelte, kamen auch die beiden Richter], und sie befahlen, dass Susanna geholt werde. Dieselbe wurde alsbald dahin gebracht und erschien in ihrer ganzen Schönheit. Die Männer aber erhoben sich voll Arglist und klagten sie an. [Sie befahlen, dass sie entschleiert würde, weil sie sich an ihrer Schönheit sättigen wollten.] Und sie legten heimlich die Hände an das Haupt Susannas. Diese weinte vor Weh [und blickte zum Himmel, denn sie hatte Vertrauen zu Gott]. (Die Richter aber wähnten, vorsichtig genug zu sein, und doch sollte die Wahrheit an den Tag kommen.) „Wir gingen in dem Garten spazieren, (auf Busse und Reue war unser Sinn gerichtet), als Susanna mit zwei Mädchen, reich gekleidet, dahin kam. Sie schickte (in listiger Weise) die Mädchen weg und schloss die Thüren des Gartens. Dann

ging sie zu einem jungen Manne, der dort verborgen gewesen
war. Wir aber sahen [aus einer Ecke des Gartens] die
Unbill und liefen herzu, um den Verräter zu fangen. Er
jedoch war stärker als wir und entkam, und Susanna wollte
uns nicht sagen, wer es gewesen wäre". [Die Menge glaubte
den Richtern, und] Susanna wurde zum Tode verurteilt.
(Diese weinte nun sehr und nahm Abschied von ihren Angehörigen. Sie sagte, dass sie unschuldig wäre, und bat Gott,
dass er denen verzeihen möchte, die ihr so Unrecht thäten.
Wenn sie nur noch einmal mit Joachim sprechen könnte,
wollte sie gern sterben. Sie fiel vor ihrem Manne nieder
und beteuerte, dass sie ihn niemals wissentlich verletzt hätte,
weder in Worten noch in Werken. Sie küsste seine Hand,
da sie ja, als Verurteilte, seinen Mund nicht berühren dürfe.
Auch Joachim gab sich seinem Schmerze hin.) Dann erhob
Susanna ihre Stimme und flehte zu Gott, der alle ihre
Werke gesehen hätte, die rechten und die unrechten, und
wüsste, dass sie fälschlich verurteilt worden wäre, er möchte
Gnade mit ihr haben. Als sie zum Tode geführt wurde,
erhörte Gott ihr Flehen und erweckte den Geist eines jungen
Knaben, Namens Daniel. Dieser rief aus, er wolle unschuldig
sein an ihrem Blute. Und alsbald von den Umstehenden
gefragt, was seine Worte bedeuteten, sagte er, dass sie alle
thöricht wären und das Wahre nicht erkannt hätten; sie
möchten zurückgehen zu dem Gerichtshause, denn es sei
falsches Zeugnis abgegeben worden. [Das Volk kehrte alsbald zurück, und die beiden Greise hiessen Daniel sich unter
sie setzen und ihnen sagen, wie Gott ihm solche Einsicht
gegeben hätte.] Daniel aber liess die beiden Richter von
einander trennen. Als dies geschehen war, liess er den einen
vor sich kommen und sagte, jetzt würden die Sünden,
die er früher verübt hätte, über ihn kommen. Er hätte
gesagt, dass Susanna vor seinen Augen gesündigt hätte.
Nun möchte er den Baum, unter dem es geschehen wäre,
bezeichnen. Jener antwortete: „Unter einem Mastixbaum".
Daniel aber erwiderte ihm, er lüge, und die Strafe sei ihm

schon nahe. Nun wurde dieser Richter ins Gefängnis zu-
rückgeführt, und der andere trat vor. Daniel sagte ihm,
dass er, der Samen Kanaans, durch seine Begierde in solche
Lage versetzt worden wäre, [dass diese Tochter Israels
seiner Unbill aber widerstanden hätte]. Er sollte nun sagen,
unter welchem Baume er Susanna mit dem jungen Manne
gesehen hätte. Dieser erwiderte (mit trotziger Stimme), dass
es unter einer Stecheiche gewesen wäre. Daniel beschuldigte
auch ihn der Lüge (und sagte ihm, dass er und sein Gefährte
in ihren Aussagen auseinander gingen). Die Strafe werde
auch ihn bald treffen. Das Volk aber lobte Gott, der die
rettet, die auf ihn hoffen. Die Verräter aber bestrafte es
gebührend. [Joachim und Susanna und ihre Angehörigen
lobten Gott, dass an ihr keine Sünde erfunden worden wäre.
Daniel ist gross gemacht worden in den Augen des Volkes
von da an.] (Dieses Wunder ist geschehen in den Tagen
Daniels, wie die Epistel des Propheten erzählt.)

Glossar.

Es möge hier vorausgeschickt werden, dass es durchaus
nicht meine Absicht war, jedes im Gedichte vorkommende
Wort oder gar jede Form anzugeben. Es ist dann allerdings
sehr schwer, eine Grenze zu ziehen und diese streng inne-
zuhalten, aber ich gebe mich der Hoffnung hin, nichts, was
Anspruch auf Wichtigkeit machen kann, weggelassen zu
haben. Freilich ist auch manches Wort unerklärt geblieben.
V ist zu Grunde gelegt und der Wortschatz der übrigen
Hss. nur so weit aufgenommen, als er neue Worte bietet.

Abyde vb. inf.: standhalten 147 C. — **accusen** vb.
accused 3. pl. pr.: anklagen 199. — **acorde** vb. inf.: über-
einstimmen 345. — **affinite** sb.: Verwandtschaft 180. —

ayre sb.: Aussehen 94. — al adv.: einzig 41; al hir one:
ganz allein 132. — alere sb., aleres pl.: Erle 11 I. — al-
maunde sb., almaundus pl.: Mandel 94. — alee sb., alees
pl. = aloe (vgl. Britten p. 10) 11. — aloe sb.: Aloe 11 P. —
amen: Amen 366. — amyllier sb., amylliers pl.: Mandelbaum
80. — apechen vb., apeched 3. sg. pr.: anklagen 303. — apele
sb.: Anklage 294. — apere vb. inf.: erscheinen 302. — apon
= uppon. — appose vb., apposed 3. sg. pr.: zur Rede stellen
303 C. — aray sb.: Pracht 118 P. — araien vb., (arayes
verschr. für) arayed part. pr.: ausstatten, versehen 4, 4 P,
kleiden 196, 212. — ariht adv.: regelmässig 112. — asinen
vb., asined part. pr.: bestimmen 301 I. — aspien vb., aspieþ
imp. pl.: nachsehen 122. — assay vb. inf.: versuchen 64. —
astonie vb., astonyed part. pr.: erstaunen 285 C. — ataynt
vb. inf.: überführen 207. — auenaunt adj.: schön 30; aue-
nauntliche adv.: trefflich 8. — aueners sb. 80 I? — aue-
royne sb.: Stabwurz, Aberraute 115. — avoutri sb.: Ehe-
bruch 142, 163. — awundren vb., a-wondred part. pr.:
verwundern 173 C.

Bayne adj.: schnell 226 P. — bare sb.: Eber 226. —
baret sb.: Kampf 147. — barre sb.: Gerichtsschranke 189.
— beeren vb., beeren 3. pl. prs.: schreien 79. — bench,
benche sb.: Gerichtsbank 138, 307. — bern sb.: Mann 1.
— bewile vb. inf., biwiled part. pr.: hintergehen 54, 383.
— bigge adj.: kräftig 226. — bisetten vb., biset part.
pr.: umgeben 145. — bitaken vb., bitok 3. sg. pr.: über-
geben 21. — byte vb. inf.: schlagen 351. — blaunderer
sb., blaunderers pl.: weisse Kalville, Apfelart 98. — bodily
adj.: körperlich, menschlich 271 P. — borlich adj.: stattlich 226; bureliche adv.: prächtig 195. — bote sb.: Wurzel
(vgl. Hall. p. 222 s. v. but (4)) 72 I. — bowe sb., bowes
pl.: Ast 97 I. — bowen vb., bewe 3. pl. pr.: biegen 97.
— bowen vb., bouwed 3. sg. pr., bowen aftur: sich zurück-
wenden 232. — brandishen vb., brandist part. pr.: schwin-
gen 319. — breden vb., bred part. pr.: ausbreiten 68 P.
— brennen vb., brennynde, brennynge part. prs., brent

part. pr.: brennen 147, flammen 319, 350. — brewe vb. inf.,
brewed part. pr.: brauen, verursachen 307, 359. — britouns sb.
97? — bryttyn vb. inf.: in Stücke hauen 351 I, C, P. —
brokken vb., brokkid 3. pl. pr.: zwitschern 79 P. — brond,
bronde sb.: Schwert 319, 350. — burnissen vb., burnysched
3. sg. pr.: glänzend machen 319 C.

Cachen vb., caght, cawghte 3. sg. pr., cauȝt 3. pl.
pr.: erlangen 59, cachen of: abnehmen 128 C, P. — cairen
vb., cayre 3. pl. prs.: sich bewegen 96. — caytif sb.: Schurke
330. — calle, kelle sb.: Haarnetz 128, 158. — canel sb.:
Zimmet 83. — caraway sb.: Kümmel 111 I, C. — kare-
mon sb.: Sorgenmann 249 C. — carpin vb., carped 3. sg.
pr.: reden 249. — case sb.: Lage 331. — casten vb., cast
3. sg. pr., caste 3. sg. pr., cast part. pr.: — of abwerfen 128,
158, ausstossen 153. — cautele sb., cauteles pl.: List 205. —
keuercheue sb.: Halstuch 158. — keueren vb., keuered
3. sg. pr., — up on hir kneos: niederknieen 252. — chargen vb.,
charge 1. sg. prs.: achten 247. — charuwe 111 = caraway?
— chaumpen vb. inf.: beissen? (vgl. Hall. s. v. champ) 46
I. — chaumpet sb. 106 I? — chaungen vb., chaungyn
3. pl. prs., chaungeth 3. pl. prs.: sich ändern 106 C, P. —
chelet 105 I = chollet. — cherl sb., cherlus pl.: Bursche
47, 341. — chere sb.: Freundlichkeit 48. — chesboke sb.:
Mohn 105 C. — chesen vb., chese 3. pl. pr., chosen part.
pr.: erblicken 47, auszeichnen 93. — chestein sb.: Kas-
tanie 93. — cheue sb.: Kopf 105 C. — cheuerol, cheru-
yle, cheuerell sb.: Kerbel 105 P, 106, 106 I. — cheueron
sb. 106 C? — chewe vb.: kauen? 46 I. — chibolle sb.: kleine
Zwiebel 105. — chinchif sb. wohl für chenchip: Schmach
(vgl. Audelay, ed. Hall. p. 27 b) 46 I. — chirie sb.: Kirsche
93. — chyue sb.: Schnittlauch 105. — chollet sb., nach
Murray Part V 373 b = chalot: Schalotte, eine Art Zwiebel
105. — chouwet sb. 106? — kyndeli adv.: freundlich 249.
— cine sb.: Mastixbaum 316. — kiþ adj.: bekannt 199 P. —
clare vgl. declare. — clarrey sb.: Scharleikraut 111 P.
— clergye sb.: Wissenschaft 24. — cleuen vb., cleue 3. pl.

prs: kleben 111. — clot sb., clottes pl.: Scholle 111. — colouren vb., colourid part. pr.: färben 111 P. — columbyne sb.: Akelei 111. — comeliche, comelich adj.: anmutig 199, lieblich 96. — comuyn adj.: allgemein 357. — cop sb., copus pl.: Kopf 224. — costard sb., costardes pl.: Art grosser Äpfel 96. — counten vb., counte 1. sg. prs.: rechnen 247 I. — court sb.: Gesinde 157. — couetise, couetyse sb.: Begierde 59, 331. — craft sb.: Geschicklichkeit 234. — crawen vb., crowe, crewe 3. pl. 'prs.: kreischen 83 P, prahlen 111. — croke sb.: Kunstgriff 225 C. — crop sb., croppus pl.: Gipfel 83. — crouden vb., croude 3. pl. prs.: sich drängen 83. — cuyþe vb. inf.: kund thun 233. — cumberous adj.: schwer 224. — cumpere sb.: Genosse 345. — cundlen vb., cundelet 3. pl. pr.: erregen 224. — curs sb.: Fluch 59 P. — cursien vb., corsed, cursed part. pr.: verfluchen 330, 345. — cursyng sb.: Verfluchung 59. — cuþ sb., cuþþes pl.: (l. kyth mit I): Land 96.

Dayȝye sb.: Massliebchen 114. — damasene sb.: Damascenerpflaume 89. — date sb.: Dattel 89. — dawen vb., dewe (für dewed) 3. sg. prs.: tagen 174. — declaren, clare vb. inf.: erklären 175. — deftly adv.: geziemendlich 211 P. — deis, dese sb.: Sitz (der Richter) 235, 325. — dele vb. inf.: fällen 292. — delful adj., deolfolich adv.: kläglich 267, 278. — demer sb., demers pl.: Richter 40. — deny vb. inf., deny 2. sg. prs. conj.: abschlagen 140, in Abrede stellen 229 I. — deputen vb., deputid part. pr.: beauftragen 175 P. — derk sb.: Dunkel 131 P. — dere, dare sb.: Leid 243, 222 C. — dere adj.: edel 279. — derf adj., derfliche adv.: grausam 131, frech 40 I, P, 236 C, 242. — derne sb.: Verborgenes 131. — derne adj., dernely adv.: verborgen 8 I, 338. — deuen vb., deue 3. pl. prs.: zum Sinken bringen 235. — dich sb.: Graben 5. — dihten vb., idiht part. pr., diht part. pr.: anordnen 8, bereiten, führen 246, 267. — din sb.: Lärm 235 C. — dinen vb., dine 1. pl. prs. conj.: speisen 346. — directen vb., directed 3. sg. pr., — to: anvertrauen 278. — disceyuen vb., dysceyuet part. pr.: betrügen 332. — dismale sb., in þe dismale: in trauriger Weise 305. — disparage vb. inf.: entehren 253. — disproue vb. inf.: widerlegen 294. — disseuere vb. inf., diseuered part. pr.: trennen 296 I, C, P, 300. — ditoyne sb.: Diptam 114. — dom sb., domes, domus pl.: Urteil 190, 278, Urteilsspruch 37, 292, 310, Gericht 349, Richter 32. — domusmon sb., domusmen pl.: Richter 131, 175, 236, 326. — doten vb., dotest 2. sg. pr.: zum Narren werden 305. — drawen vb., drewe 3. pl. pr., drawen part. pr.: sich begeben 40, 131, schleppen 346. — drede sb.: Furcht 178, Zweifel 326. — drede vb. inf., drede 3. sg. prs., dredde part. pr.: fürchten 32, 190, 358 C. — dredful adj.: schrecklich 40. — dressen vb., dresse 3. pl. prs., dressand part. prs., dressed part. pr.: gehen 211 I, kleiden 211 C, bereiten 274. — dull adj.: plump 292 C. — dungon sb.: Kerker 174.

Eye sb., eyene pl.: Auge 271. — eyre sb.: Erbin 15. — elde sb.: Alter 251, 339. — enchaunte vb. inf.: bethören 46. — enhaled adj.: eingeführt? 104 — entent sb.: Absicht 355. — erbe sb., erbus pl.: Kraut 8. — erbage sb.: Gras 8 I. — erber sb., erbers pl.: Baumgarten 8, 104. — erberi sb.: Garten 11. — erthely adj.: irdisch 271 I. — eschewe vb. inf.: entfliehen 46. — evene adv.: gleichmässig 109 P.

Face sb.: Gesicht 329. — failen vb., failet 3. sg. pr.: fehlen 281. — fayre, feire adj.: gut 17, lieblich 92. — faith sb., in ffay, in feiþ: wahrlich 87, 289. — fallen vb., fel, felle 3. sg. pr.: fallen 248, 352. — fangen vb., fonge inf., fongen 3. pl. prs.: pflücken 43, nehmen 86. — faren vb., faren part. pr.: gehen 120. — fason sb.: Art 17. — faunt sb.: Kind 329. — fend sb., fendus pl.: Wüterich 289. — fer adv., a-fer: weg 120 P. — fere sb., feerus pl.: Gefährte, Gatte 248, in ffeere adv.: zusammen 139. — feren vb., ferde part. pr.: ängstigen 120. — ferly sb., ferlys pl.: Wunder 129, 286, 361, 155 I, C, P. — ferrers = firres 86 P? — feter sb., ffeteres pl.: Fessel 257. — fike sb., fikes = (fyges) pl.: Feigenbaum 861. — fyge sb., fygges pl.: Feigenbaum 92, 86 P. — figer sb., fygers pl.: Feigenbaum 86. — filbert sb.: Lambertsnuss

92. — finen vb., fyned part. pr.: läutern 193. — firre sb., ffirres pl.: Kiefer 86. — flayre sb.: Geruch 98. — flat adv.: platt 248. — fleschliche adj.: irdisch 271. — flour sb., floures, flore pl.: Blume 43, 98, 248. — fode med part. pr.: hervorgebracht 92, (oder verschrieben für formed? vgl. I). — fold sb.: Erde 17 I. — fonnen vb., fonned part. pr.: verblendet 289 C. — foode, fode sb.: Erziehung? 17, Geschöpf 283. — for präp.: um — willen 57. — forgifen vb., forȝiue 3. sg. prs. conj.: vergeben 241. — frayne vb. inf.: erfragen 286. — frape sb.: Schar 289. — frelich, freli, freoly adj.: edel 17, 98, 283, 329; freliche adv.: ausgezeichnet 98 I. — fresse sb.: Bedenken 43. — fulfillen vb., fulfillid part. pr.: füllen 344 P. — fulþe sb.: Schmutz 344.

Gailiche adv.: lustig 42, 95. — game sb.: Freude 354 P. — gamen vb., gamyd part. pr.: sich ergötzen 162 P. — gardin, gardeyn, ȝarde sb.: Garten 42, 67, 118, 138. — garnet sb., garnettes pl.: Granate 95. — ȝate sb., ȝates pl.: Thür 122, 214, 228. — ȝaply, ȝeply adv.: schnell 118 C, 228. — ȝarly 118 I? — gentil, ientil, ientel adj.: edel 2, 184, hübsch 71. — gentrise sb.: Anmut 41. — ȝerne vb. inf.: begehren 137 P. — ȝerne adv.: eifrig 133. — gifte sb., gyftes, yeftes pl.: Gabe 276 C, P. — ȝildhalle sb.: Gildenhalle 293. — ginnen vb., gon, gan, can pr.: bleiben unübersetzt und dienen zur Umschreibung der prät. anderer Verba. — gladien vb., gladen 3. pl. prs.: sich freuen 84, 354. — gleo sb., glees pl.: Freude 84 P, 354 P. — gleowian vb., glees 3. pl. prs.: sich freuen 84, 354. — gliden vb., glode 3. sg. pr.: schleichen 67 I. — gnede adj.: geizig 276 I. — goldfinch sb., goldfinch pl.: Dompfaffe 84. — ȝolow adj.: goldgelb 192. — gost sb.: Geist 277. — ȝouþe sb., ȝouthe sbst. adj.: jung 118 I, Jüngling 230, Jugend 251. — ȝouþehede sb.: Jugend 280. — grace sb.: Gnade 241, 276. — grape sb., grapes, grapus pl.: Weintraube 84, 95. — graunte vb. inf., graunt 2. sg. imp.: bekennen 298, gewähren 366. — greihored adj.: grauhaarig 339. — greiþen vb., greiþed 3. sg. pr.: sich aufmachen

4*

67. — greue vb. inf.: kränken 138, beleidigen 162. — growen vb., grewe 3. sg. pr., grewe 3. pl. pr., growed 3. sg. pr., growyng part. pr.: wachsen 42, 67, 88, 95. — gult sb., gultus, gultes pl.: Schuld 241, 276.

Halle sb., halles pl.: Halle 6. — haunten vb., haunted 3. pl. pr., haunten til: oft besuchen 31. — haten vb., hiht 3. sg. pr., hizt part. pr.: heissen 2, 14. — hebben vb., heef 3. sg. pr.: heben 262. — hede sb.: Acht 268. — heden vb.: hedes 3. sg. prs.: hüten 188. — heyht, hiht, hyht sb.: Höhe 6 I, 262 I, 317. — heilse vb. inf.: begrüssen 133. — hende adj., hende pl.: schön 119, 133, Freundliche 31. — herbergage sb., herbergages pl.: Wohnung 6. — here, hare sb.: Haar 192 I, C, P. — herknien vb., herkne 2. sg. imp.: hören auf 268. — herteliche adv.: eifrig 268. — heuen, heuene sb.: Himmel 58, 188, 262, 317, 366. — hewe sb.: Gestalt 44, 172, 185, Aussehen 93. — hiden vb., hid 3. pl. pr., — upon: wegwenden und richten auf 58. — hi sb., in hi: in Eile 159. — hiz sb., on hiz: an hoher Stelle 262. — hyzen vb., hized 3. pl. pr., hyed 3. sg. pr.: eilen 133, 228 I. — hyly adv.: hoch 6 I. — hille sb.: Hügel 104 I. — hyng vb. inf.: hängen 101. — holliche adv.: ganz und gar 188. — homliche adv.: in frecher Weise 200. — honest adj.: anständig 30, stattlich 94. — honorable adj., honorablest sup.: ehrbar 30. — hor adj.: grau 58. — hosbond sb., hosbondus gen. sg.: Gatte 119. — hose = who ever 358.

In sb., innes pl.: Haus 5. — ysope sb.: ysop 115. — ientil vgl. gentil. — Jewe, Jenz sb., Jewus pl.: Jude 2, 28, 183. — joiken vb., joyken (verschr. für joyen?) 3. pl. prs.: sich freuen 82. — joinen vb., jonyng part. prs.: sich fügen 70. — juge sb., juges, jugges pl.: Richter 39, 312 C, P. — jugement, juggement sb.: Gericht 60, 324. — juggen vb., jugget part. pr., domes juggen: Urteile fällen? 312. — junipere sb.: Wachholder 71. — justise sb., justises pl.: Richter 183. — Juwesse sb.: Jüdin 41.

Lake sb.: See 229. — lach sb.: Klinke 229. — lacchen vb., lacched 3. sg. pr.: nehmen 237. — lay sb.:

Gesetz 135. — layne vb. inf.: bestreiten 282. — lair sb.?
19 P. — launsen vb., launsyng part. prs.: schiessen (vom
Laube) 109. — leapen vb., leop 3. sg. pr.: springen 229. —
leden vb., lede 3. pl. prs.: führen 275. — leende vb. inf.,
lent part. pr.: sich niederlassen 125, 132 C. — leggen vb.,
leyed 3. pl. pr.: legen 200. — leiþ adj.: verabscheuungs-
wert 291. — lele adj.: treu 3. — lemon, lemmone sb.:
Geliebter 163, Geliebte 136. — lenen vb., lent part. pr.:
lehnen 68. — lenen vb., lent part. pr.: verleihen 353. —
lere sb.: Antlitz 275. — lerne vb. inf., lerne 3. pl. prs.,
lerned 3. pl. pr.: lernen 135, lehren 18, 23. — les,
lese, lees sb.: Lüge 113, 321, 358 C. — lese, lees
vb. inf.: verlieren 358. -- lettrure sb.: Bücherkunde
18. — leue sb.: Laub 109. — leue sb.: Abschied 237. —
leuen vb., leeveþ 3. sg. prs., leeue 1. pl. prs.: glauben 164,
358. — leven vb., laft part. pr.: zurücklassen 132. — lye
vb. inf., lyest 2. sg. prs., liest 2. sg. prs.: lügen 317, 343.
— liften vb., lift 3. sg. pr.: heben 229. — liggen vb., ligge
part. pr., — with: zusammenliegen mit 163. — lilye sb.: Lilie
109. — lilie whit adj.: weiss wie eine Lilie 16. — lynage
sb: Geschlecht 16. — linde sb., lyndes pl.: Linde 68. —
listen vb., lestyn 2. sg. imp.: hören auf 268 P. — lone
sb.: Spalier 68. — lorere sb., lorers pl.: Lorbeer 68, 125,
136, 143. — losel sb., loselle pl.: Lump 161. — louache
sb.: Liebstöckel 109. — louen vb., lowed 3. sg. pr.: preisen
353. — louesum, lufsom adj.: hold 16 I, 275. — lowe
adj.: leise? 161 P. — luten vb., louted 3. sg. pr.: sich
neigen 237.

May sb.: Mädchen 19. — maiden sb., maidenes, mai-
dens pl.: Mädchen 49, 211. — mayntan vb. inf.: aufrecht-
erhalten 220 I. — mayre sb. = altn. mær, mey??: Mädchen 19 I. — maistris sb., — make: einen Streich ausführen
227. — maisterful adj.: mächtig 288. — maker sb.:
Schöpfer 263. — manicle sb., manicles pl.: Handschelle
176. — marke vb. inf., marked 3. pl. pr.: abteilen? 320,
bezeichnen 19. — marren vb., marred part. pr.: schmählich

schliessen 176. — mase sb., at a —: bei einem Gerichte, auf
einmal? 320. — maundement sb.: Gesetz 19. — mele vb.
inf.: sprechen 288. — menyone adj.: manch 51 P. — menske
vb. inf.: ehren 19 I. — merci sb.: Gnade 239, 273. — merion
sb. = moroun Gaw. 1208?: Morgen 51. — message sb.: Auftrag
20. — meteles adj.: ohne Nahrung 177. — mete vb. inf.:
zusammentreffen 259. — midday, middai sb.: Mittag 130, 177.
— middel sb.: Mitte des Körpers 320. — middelert sb.:
Erde 263. — mysse adv.: verdorben 152 P. — mischeue
sb.: Unglück 239. — morwen sb.: Morgen 177. — mote
prprs.: du magst 335. — murþe sb., murþes pl.: lieblicher
Ton 52.

Naked adj.: bloss 318. — nede sb., neodes pl., for nede:
notgedrungen 295, dringender Wunsch 140. — nedful adj.:
notwendig 266. — neiȝen vb., neiȝes 3. sg. prs., neiȝed 3. sg.
pr., neiȝen nere: nahe sein 27, 318. — neih-honde, nyhond
adj.: nahe bei der Hand 348. — nempne vb. inf.: nennen
266. — nere adv.: nahe 27, 318. — nest sb.: Nest 76. —
nicken vb., nikke 1. sg. prs. conj., nicken with nai: verweigern 148. — nihtyngale sb., nihtyngales pl.: Nachtigal
76. — none sb.: Mittagsstunde 130. — norþ sb.: Norden
255. — not sb., notes pl.: Nuss 99. — nouth sb.: Nichts
228 I, 247 I.

O = of. 77, 204. — oynement sb.: Salbe 121. —
olyue sb., olyues pl.: Olive 80. — onne adv.: an, daran
164. — onwyse adj.: unweise 173. — orchard sb., or-
chardus pl.: Garten 5, 27. — ouertake vb. inf.: über-
raschen 229 I.

Paien vb., paied part. pr.: zufriedenstellen 202. — pale
adj.: bleich 303. — palme sb.: Palme 70. — passenep
sb.: Pastinate 107. — passen vb., passen 3. pl. prs., passed
1. pl. pr.: gehen 159, 209. — per adj., saune pere: ohne-
gleichen 33 I. — peere sb.: Edler 33. — pees sb.: Friede
82. — peire sb.: Paar 21. — peletre sb.: Mauerkraut
116. — penaunce sb.: Reue 210. — perceyuen vb., per-
ceyued 3. pl. pr.: bemerken 53. — perken vb., perken 3,

pl. prs.: stolz einherschreiten 81. — pere vgl. pirie. —
perlous adj.: gefährlich 53. — persel sb.: Petersilie 107.
— pertli adv.: offen, klar 355. — pykyn vb., pykyn 3. pl.
prs.: putzen? 81 I, refl. sich putzen 82 I. — pynappel sb.:
Ananas 82. — pyne sb.: Fichte 342 C. — pyon sb.: Pä-
onie 108. — pirie, peere, pere sb., peren pl.: Birne 70,
82, 108, 247. — pistel sb.: Epistel 363. — pite sb.: Mit-
leid 181. — play sb.: Vergnügen 53. — playe, play vb.
inf., play 3. pl. prs., pleied 3. pl. pr.: sich ergötzen 28, 63,
209, 342. — playnt, pleint sb.: Klage 202, 206. — plaun-
toyne sb.: Wegerich 116. — plone sb.: Plantane 70. —
poynt sb., poyntus pl.: Behauptung 160. — pomer sb.:
Garten 209 I. — pomeri sb.: Obstgarten 63, 209. — po-
peiay sb., popeiayes pl.: Papagei 75, 81. — poplere sb.:
Pappel 70. — porete sb., poretes pl.: Lauch 107. — posterne sb.: Hinterthür 159. — preiere, preyere sb.: Gebet
210, 277. — preisen vb., preised part. pr.: schätzen 33.
— pres sb.: Gedränge 117. — presedent sb., presidens
pl.: Präsident 33, 304. — presen vb., presyd 3. pl. pr.:
drängen 159 C. — presenten vb. inf., presented 3. pl. pr.:
vorbringen 202, 206. — preue vb. inf., proues 3. sg. prs.:
erweisen 160, 355, to preue: zu versuchen 107. — prikien
vb., prikkyn 3. pl. prs.: flattern 82 P. — prine sb.: Stecheiche 342. — priue adj.: geheim 159; priueliche adv.: ver-
traut 28. — priuylage sb.: Vorrecht 33 I. — proces sb.:
Prozess 294. — proude sb.: Stolz 81. — proud adj., proudest sup., proudliche adv.: stolz 108, 117. — proues vgl.
preue. — pruynen vb., pruynen 3. pl. prs.: sich putzen 81.
— purpose sb.: Vorsatz 210. — puten vb., put part. pr.:
werfen 327.

Qwerdlyng, querlyng vgl. wederlyng. — qwince, quinces vgl. wince.

Ragget adj.: aufgereiht 72, 112. — raylen vb., raylid
part. pr.: in einer Reihe aufstellen 112 P. — rayned 4 I?
— rancour sb.: Groll 148. — ranelest oder rauelest 29
I? — rapely adv.: lustig? 118 P. — raunchen vb., raun-

ches (wohl raunched?) part. pr.: sich winden 112 I. —
rawngen vb., rawnged part pr.: anordnen 112 C. — raþe
adv.: schnell 347. — real adj.: angesehen 29. — recorden
vb., recordet 3. pl. pr.: aufzeichnen 60. — rede vb. inf.:
lesen 22. — rees sb.: (= rewes pl.: Reihe?) 113 C. — renke
sb., renkes pl.: Mann 4 P, 198. — reneie vb., reneyed
part. pr.: abtrünnig 198. — rente sb. rentes pl.: Rente 29.
— rere vb. inf.: erheben 29 I. — resten vb., rest 3. sg.
prs.: sich befinden, sein 118 P. — rewful adj.: erbarmungs-
würdig 341 I. — riche (verschr. für riches: Reichtum?) 4.
— riht adv.: rechtmässiger Weise 4; riʒt as: gerade so
wie 203. — riʒtwys adj.: gerecht 60. — rys sb.: Zweig
72. — risen vb., ros 3. pl. pr. — up sich erheben 198.
— robe sb., robus pl.: Kleid 212. — rone sb.: Dickicht
72. — roren vb., rored 3. sg. pr.: brüllen 341. — roþly
adj.: jämmerlich 341. — rubarbe sb.: Rhabarber 112. —
ruydely adv.: roh 341. — ruwe = rue : Raute? 112.

Sake sb.: Rechtssache 204, for hir owne sake: um
ihretwillen 223. — sakeles adj.: schuldlos 240. — sadliche adv.: ernstlich 203. — sage adj.: weise 14. – sale
sb.: Saal 196, 301. — sand, sande sb.: Ufer 254. — sauyne
sb.: Sadebaum 69. — sauge sb.: Salbei 110. — sauen vb.,
saued 3. sg. pr.: retten 359. — sawe sb., sawes, sawen, sawus
pl.: Rede 34, 240, 287. — schame sb.: Scham 231. — scha-
pen vb., schappyn 3. pl. prs.: plaudern? 85 I. — schaply
adj.: wohlgestaltet 118, 194. — schawe sb.: Schatten 85.
— scheawen vb., schewen 3. pl. prs.: zeigen 85. — schen-
den vb., schent part. pr.: schänden 359. — schert sb.: Hemd
197. — schinen vb., schon 3. sg. pr.: glänzen 106 I. —
schire adj.: glänzend 194, 197 I. — scholdre sb., scholdres pl.: Schulter 194, 197. — schonten vb., schont 3. pl.
prs., schunte 3. sg. pr.: zurückschrecken 166, 231. —
schroude sb.: Gewand 85. — seche vb. inf., souʒte part.
pr.: suchen 7, begehren 146. — sede sb.: Samen 330 I, C,
P. — see sb.: Thronsitz? 264. — see sb., sees pl.: See 10.
— segge sb., segges pl.: Mann 146, 254. — selken adj.:

seiden 197. — selcouþ adj.: selten 69. — selli sb.: Stau-
nen 155. — semblaunt sb.: Anblick 216, 222. — semelich, semelych, semeliche, semelyche, semeli adj.: anmutig
44, 50, 110, 172, 185, 337. — senden vb. inf.: senden 185.
— seneke sb. = senex 301 C, P. — sengeliche adv.: einfach 196. — sere adj.: gesondert 300. — sercle sb.: Um-
kreis 10. — sert sb., for — of: um willen 223. — seruaunt
sb., seruauns pl.: Dienerin 359, Diener 155, 166. — serwe
sb.: Sorge 145. — serwful, serwfol adj.: sorgenvoll 144,
254, 261. — sese vb. inf.: ablassen 45. — seson sb.: Jahres-
zeit 66. — sete sb., setes pl.: Platz 86, 360. — setten vb.,
sett 1. sg. prs., sette 2. sg. pr., sette 3. pl. pr., set part.
pr.: setzen 247 C, 264, 300, so set on: so erpicht auf 45.
— seþþe conj.: seitdem 267, 270. — sicamour sb., sica-
mours pl.: Maulbeerfeigenbaum 69 P. — siken vb., sykeden
3. pl. pr., siked 1. pl. pr.: seufzen 172, 222. — sykyrly
adv.: sicherlich 141 C. — syde sb.: Seite 145. — signefyen
vb., signefyes 3. sg. prs: bedeuten 287. — siht sb.: Anblick
57, 110, 255, 313. — sylke sb.: Seide 197 C. — syn, sin
sb., synnes pl.: Sünde 146, 240, 309. — singen vb., song
3. pl. pr., syngand part. prs.: singen 86 P, 90 I. — sinnen
vb., sinned 3. sg. pr.: sündigen 313. — sypres sb.: Cypresse
69. — sytte vb. inf.: sitzen 78 P. — siþen adv.: danach
246. — sle vb. inf.: schlagen 323. — sodeynly adv.:
plötzlich 301. — somere sb.: Sommer 66. — sonne sb.:
Sonne 264. — sore adv., soriore adj. comp.: traurig 171, 222,
255. — sorsecle sb.: Sonnenblume 110. — sotil adj.: klug
14. — soþ sb.: Wahrheit 203, 217. — sothfast adj.: wahrhaftig 172 C. — souerein adj.: höchster 34. — souerayn,
souureyn sb.: Herr 57, Gemahl 223. — souþ sb.: Süden 255.
— sowme (bei Horstm. semne)? 72 P. — spare vb. inf.:
unterlassen 228 I. — specialy adv.: besonders 122. —
speden vb., speden 3. pl. prs.: sich beeilen 103. — spedely
adv.: eilig 103 P. — speren vb., sperde part. pr.: schliessen
122. — spyce sb., spyces pl.: Gewürz 103. — spillen vb.,
spille 2. pl. prs.: vergiessen 284. — spreden vb., sprede

3. pl. prs.: sich ausbreiten 104 I. — spryng vb. inf.: auf-
springen 103. — standen vb., stod 3. sg. pr., stode 3. pl.
pr.: stehen 285, stod her awe to: sie hatte Ehrfurcht vor
25. — starin vb., staryd 3. pl. pr.: starren 285 P. —
steere vb. inf.: leiten 304. — stelen vb., stelen 3. pl. prs.:
stelen away: sich wegstehlen 167. — steuene sb.: Stimme
268, 365. — stynten vb., stynted 3. pl. pr.: stehen bleiben
285 I. — storye sb.: Erzählung P Schluss. — stotin
vb., stoteyd 3. pl. pr.: stehen bleiben 285. — strende
sb.: Ufer 123. — stont sb.: Augenblick 167. — suppose
vb. inf.: vermuten 216. — swerien vb., swere 3. pl. pr.:
schwören 165. — swete sbst. adj., þat —: die süsse.

Table sb., tables pl.: Tafel 21. — teching ver-
balsb.: Lehre 56. — tellen vb , teeld part. pr., þat
teeld is in: der sitzen soll auf 56. — teone sb.: Be-
leidigung 149. — tyde sb.: Zeit 149. — tiht adj.:
gedeilich 74. — tynen vb., tyne 2. sg. prs. conj.: verlieren
340. — tonge sb.: Zunge 221. — toret = torment? : Qual
149. — to sb., tos pl.: Zehe 305. — toþ sb.: Zahn 221.
— tray sb.: Beunruhigung 149 I. — traylen vb., traylen
3. pl. prs.: schleifen 356. — trybulacyon sb.: Drangsal
149 C. — trinen vb , trinet 1. pl. pr., trinaunt part. prs.:
rühren 73, gehen 225. — trinite sb.: Dreieinigkeit 21. —
trompen vb., trompe 3. pl. prs.: trompeten 356. — trone
sb.: Thron 56. — tronen vb., troned 3. pl. pr.: thronen
90. — trot sb.: Laufschritt 225. — trouþe sb.: Wahrheit
187, 207. — trowen vb., trowe 1. pl. pr.: glauben 187. —
turment sb.: Qual 149 C. — turnen vb., turned 3. pl. pr.:
sich wenden 56. — turtil sb., turtils pl.: Turteltaube 90.
— twinne vb. inf.: trennen 296.

þauʒ verschr. für þey 235. — thankien vb., thanked
3. sg. pr.: danken 353 C. — þe vb. inf.: gedeihen 335. —
thevethorne sb.: Brombeerstaude 73 P. — þewen vb.,
iþeuwed part. pr.: überwältigen 73. — þing sb.: Wesen
118. — þinken vb., þinkeþ 3. pl. prs., þouʒt, þouʒte 3.
pl. pr.: gedenken 43, 54, dünken 292. — þouʒt sb.: Ge-

danke 144. — þorn sb.: Dorn 73. — thryven vb., thryvyng part. prs.: gedeihen 73 P. — þrostell sb.: Drossel 90 I.
Umbiloken vb., umbiloke 2. pl. imp.: umherblicken
291. — umbesetten vb., umbe-sette part. pr.: umgeben
145 C. — unchaste adj.: unzüchtig 47. — unclere adj.:
unrein 306. — undertake vb. inf.: versichern 208. — unduwe adj., unduweliche adv.: ungebührlich 236, 292, 325.
— ungnede adj.: nicht geizig 276 C. — un-greiþ adj.:
unvorbereitet 293. — unkene adj.: feige 199 P. — unwerde adj. (für unwerȝed): unermüdet? 124.
Valay sb.: Thal 215. — verray adj.: wahrhaftig 219 I.
Waknen vb., wakneþ 3. sg. prs.: erwachen 297. —
waiwordus adv.: in verkehrter Weise 55. — waynt adj.:
wunderbar 205. — walen vb., waled 3. pl. pr.: auswählen
100. — walsh, walshe adj.: wälsch 99. — walsshnote sb.,
walsshnotes pl.: Wälschnuss 99 P. — wardien vb., wardid
part. pr.: bewachen 99 P. — wardon sb., wardons pl.: Art
Birnen 99. — warliche adv.: bedachtsam 121. — warne
vb. inf.: verweigern 137 C. — warpen vb., warpyd 3. pl.
pr.: äussern 134 P. — wassche vb. inf.: waschen 123. —
wedden vb., wedded part. pr.: heiraten 186. — wede, weede
sb., wedes pl.: Kleid 26, 124, 186, 334. — wederlyng, qwerdlyng, querlyng sb.: Art Äpfel 102. — welden vb., weldes 3.
sg. prs.: walten 56 I. — welle sb.: Quelle 123, 127. — wemles
adj.: makellos 151. — wench sb., wenches pl.: Mädchen 213,
219. — weende vb. inf., weende 2. pl. prs. conj., went 3. sg.
pr.: gehen 20, 121, 151. — wenen vb., wene 1. sg. prs.: an-
nehmen 201. — wepen vb., wepte 3. sg. pr., wepten 3. pl.
pr.: weinen 171, 201. — werpen vb., werp 3. sg. pr., werpen of: abwerfen 124. — werne vb. inf.: verweigern 137.
wikkednes sb.: Gottlosigkeit 36. — wydowe sb., wydowes
pl.: Witwe 173 C. — wye sb., wyes pl.: Mensch 173 I. —
wiȝt sb.: Wesen 137. — wylen vb., wyled 3. sg. pr., away:
weglocken 213, 219. — wylyliche adv.: verschmitzt 213. —
wille sb., willes pl.: Wille 137, at wille = nach Wunsch 100
I. — wince, qwince, quinces sb.: Quitte 102. — winlich, wyn-

liche adj.: entzückend 99, 127. — wyre sb.: [Gold]draht 192.
— wyssien vb., wyssed 3. sg. pr., — away: wegweisen 213 C,
219 C. – wit sb., wittes pl.: Verstand 55, 333. — wy-
tande sb., at my witande: nach meinem Wissen 250. — withdrawen vb., withdrawen part. pr.: wegführen 236, 326. —
wytherworth adj., a —: entgegengesetzt 55 I. — withshon-
ten vb., withe-shonte 3. pl. pr.: zurückbeben 231 C. — with-
standen vb., withstood part. pr.: widerstreben 285 C. —
wytnesse sb.: Zeugnis 363 C. — witnessen vb., witnesseþ
3. sg. prs., witnesse 1. pl. prs.: bezeugen 220, 363. — wlonc
adj., wlonkest, wlankest sup.: glänzend 26, 186. — wonde vb.
inf.: zögern, Ausflüchte machen 137. — wonder sb.: Wunder
156, 201. — wondren vb., wondred part. pr.: verwundern 173.
— wone sb.: Wohnung 54, 134. — wonen vb., wont part.
pr.: gewöhnen 168. — wonen vb., woned 3. sg. pr.: wohnen 1
I. — worchen vb. inf., wrouȝt 3. sg. pr.: verursachen 65,
schaffen 150. — worly, worliche, adj.: schön 54, 134. —
worshipen vb., worshipe 3. pl. prs.: Ehrerbietung erweisen
134. — worthliche adj.: verehrungswürdig 150. — wra-
þien vb., wraþþed 1. sg. pr.: erzürnen 150 I, C, P, 250. —
wreche sb., wrecches pl.: Elender 54. — wreken vb., wreche
1. sg. prs. conj.: erzürnen 150. — wringen vb., wrong 3. pl.
pr.: ringen 171. — writhen vb., wrethen 3. pl. pr.: wenden
55. — wrong adj.: unrecht 265. — wrongful adj.: ungerecht 37 P. — wrongwys adj.: ungerecht 37.

Eigennamen.

Babiloine, Babiloygne, Babiloyne: Babylon 1, 307, 311.
— Kai, Cayme: Kain 59, 59 I. — Canaan, Caymes, Caynoun:
Kanaan 330, 330 C, 330 I. — Cristis, Jesu Crist: Jesus
Christus 59 P, 365. — Danyel, Danyelle: Daniel 279, 362,
P Schluss. — Elche: Helcias 15. — Jacobus: Jakobus 184. —
Jone: Johanna 66. — Israel: Israel 290, 352. — Moises:
Moses 19. — Sibell: Isabella 66. — Susan, Susanne, Suson:
Susanna 14, 44, 50, 64, 128, 144, 172, 185, 196, 216, 261,
313, 337, P Schluss.

Bei vorstehender Arbeit wurden die nachfolgenden Werke benutzt. Ausdrücklich ist zu bemerken, dass keines der im folgenden aufgeführten Lixika den Wortschatz unserer Dichtung spezieller berücksichtigt. Die Zeichen für etwaige Abkürzungen wurden vor dem Titel des Buches in Klammern gesetzt:

(Tor) Adam: Über Sir Torrent of Porlyngale. Dissertation. Görlitz 1887.

Biblia Sacra vulgatae editionis Sixti V Pont. Max. jussu recognita et Clementis VIII auctoritate edita. Moguntia 1609.

(Br. Th.) A. Brandl: Thomas of Erceldoune. Berlin 1880. Band II der Sammlung englischer Denkmäler in kritischen Texten.

(Breul) Breul: Sir Gowther. Eine englische Romanze aus dem XV. Jahrhundert. Oppeln 1886.

I. Britten: A. Dictionary of English Plant-names. London 1886.

H. Coleridge: A. Glossarial Index to the Printed English Literature of the Thirteenth Century. London 1859.

(Clumpha) Charles Flint M^c. Clumpha: The Alliteration of Chaucer. Dissertation. Leipzig s. a.

(Fuhrm.) Fuhrmann: Die alliterierenden Sprachformeln in Morris' Early English Alliterative Poems und im Sir Gawayne and the Grene Knight. Hamburg 1886.

(Hall.) Halliwell: A Dictionary of Archaic and Provincial Words. 2 Bände. Vierte Ausgabe. London 1860.

(Kal.) Kaluza: Libeaus Desconus. Leipzig 1890. Bd. V der Altenglischen Bibliothek.

(K. T.) Kölbing: Sir Tristrem. Heilbronn 1882.

(K. Am.) Kölbing: Amis and Amiloun. Heilbronn 1884. Bd. II der Altenglischen Bibliothek.

(K. Ip.) Kölbing: Ipomedon. Breslau 1889.

(K. Merl.) Kölbing: Arthour and Merlin. Leipzig 1890. Bd. IV der Altenglischen Bibliothek.

(K. of T.) Krause: The King of Tars in: Englische Studien, Bd. XI, pg. 1 ff.

(Lindn.) Lindner: The Alliteration in Chaucer's Canterbury Tales, Publicationen der Chaucer Society, Essays on Chaucer, Part III, p. 197 ff.

Luick: Die englische Stabreimzeile im XIV., XV. und XVI. Jahrhundert, in Anglia Band XI, p. 392 ff. und 553 ff.

Luick: Zur Metrik der mittelenglischen reimend-alliterierenden Dichtung in Anglia XII, p. 437 ff.

(Lüdt.) G. Lüdtke: The Erl of Toulous and the Emperes of Almayn. Berlin 1881. Bd. III der Sammlung englischer Denkmäler in kritischen Ausgaben.

Morris: Early English Alliterative Poems in the West-Midland Dialect. Bd. I der Early English Text Society. London 1864.

(Murray) James A. M. Murray: A New English Dictionary on Historical Principles. Oxford 1884 ff.

(Nic.) Evangelium Nicodemi ed. von C. Horstmann, in Herrigs Archiv Bd. 53, pag. 389.

(M. A.) Morte Arthure ed. by G. Perry für die Early Englisch Text Society Bd. 8. London 1865.

(Reg.) Regel: Die Alliteration bei Laȝamon in: Germanistische Studien Bd. I, p. 171 ff.

G. Sarrazin: Octavian, Heilbronn 1885. Band III der Altenglischen Bibliothek.

Stratmann: A Middle-English Dictionary. New Edition by H. Bradley. Oxford 1891.

Trautmann: Der Dichter Huchown und seine Werke, in Anglia I, pag. 109 ff.

(W. U.) Th. Wissmann: King Horn. Untersuchungen zur mittelenglischen Sprach- und Litteraturgeschichte. Strassburg 1876.

Wülcker: Altenglisches Lesebuch. Bd. I und II. Halle 1874, 1879.

(Orf.) O. Zielke: Sir Orfeo. Breslau 1880.

Lebenslauf.

Ich, Oscar, Gustav Brade, evangel. Konfession, wurde geboren zu Sachwitz, Kreis Neumarkt, am 24. November 1866 als Sohn des landwirtschaftlichen Beamten Herrmann Brade und seiner Ehefrau Ida, geb. Reisland. Meine Vorbildung erhielt ich in der Zeit von Ostern 1876 bis Ostern 1882 auf dem Realgymnasium zu Rawitsch. Durch Krankheit gezwungen, die Schule zu verlassen, wandte ich mich der Landwirtschaft zu, und besuchte weiterhin von Ostern 1884 bis Michaeli 1885 die Landwirtschaftsschule zu Liegnitz. Ostern 1886 trat ich in die Prima der Königlichen Oberrealschule zu Breslau ein und erhielt Ostern 1888 das Zeugniss der Reife an dieser Anstalt. Die notwendige Ergänzungsprüfung im Latein bestand ich Michaelis 1889 an dem Realgymnasium zum heiligen Geist in Breslau. Ostern 1888 bezog ich die Universität zu Breslau, um mich hauptsächlich mit dem Studium der neueren Sprachen zu beschäftigen. Ich hörte die Vorlesungen der Herren Professoren und Docenten Appel, Baeumker, O. Erdmann, Galle, Gaspary, Kölbing, Lipps, Vogt, Weinhold und des Herrn Lector Pillet. Mehrere Semester beteiligte ich mich an den Übungen des Seminars für romanische und englische Philologie als ordentliches Mitglied.

Allen meinen verehrten Herrn Lehrern sage ich an dieser Stelle den besten Dank; besonders aber bin ich Herrn Prof. Dr. Kölbing verpflichtet; derselbe hat mich zu der vorliegenden Arbeit angeregt und in freundlichster Weise bei der Abfassung derselben unterstützt.